부모님과 함께하는 청소년 힐링캠프

14살 마음의 지도

노미애 지음

북멘토

학창 시절 14살의 저는 자주 아픈 아이였습니다. 너무도 외로웠지만 내 맘을 그대로 털어놓을 상대도 없었고 털어놓을 용기도 없었습니다. 내 맘을 알아주는 사람 하나 없는 지겹고 괴로운 시간을 아무와도 마음을 나누지 못한 채 그저 아파하면서 보냈습니다.

그러던 제가 어른이 되어 결혼을 하고, 엄마가 되고, 교사가 되었습니다. 스스로 말하기 부끄럽지만 저는 소위 인기 교사였습니다. 아이들은 제게 존경한다는 말을 했지만 어림없는 표현이고, 저는 다만 아이들을 사랑했습니다. 모범생부터 이른바 문제아까지.

아이들을 보고 있노라면 그 속에 아파하던 저의 14살 시절이 그대로 살아 있었습니다. 상담가가 된 지금 돌이켜 보면 아이들의 아픔을 제 아픔처럼 느꼈던 마음이 아이들에게 전해진 게 아니었나 생각합니다.

마음의 치유를 돕는 상담 과정도 이와 비슷합니다. 누군가의 아픔을 내 아픔처럼 함께 아파해 주고 이해해 주면 그 사람의 아픔은 반드시 치유됩니다. 그 사람이 전문적으로 훈련받은 상담가가 아니어도 그렇습니다.

제가 이 책을 쓰게 된 까닭도 바로 이것입니다. 이 책을 읽는 사람들이 자신과는 다른 14살 친구들의 아픔을 이해해 주고 공감해 주고 함께 아파해 주기를 바라는 마음입니다.

저는 이 책에서 청소년기의 발달에 따른 특징과 그에 따른 성장통에 관한 부분을 비중 있게 다루었습니다. 청소년기에 정상적으로 발달하고 있는 많은 아이들이 한 순간의 실수로 문제아라는 꼬리표를 달게 되거나, 또는 반대로 지나치게 착한 아이가 되려고 자아의 성장을 희생시키는 아픔을 겪는 것을 많이 보아 왔기 때문입니다.

제가 보기에 문제아는 없습니다. 충분히 사랑받지 못해 상처받은 아이가 있을 뿐이지요. 또한 자식을 사랑하지 않는 부모나 제자를 아끼지 않는 선생님도 없습니다. 다만 사랑하는 마음을 제대로 전하지 못할 뿐이지요.

요즘 두드러진 중학생 아이들의 자살 문제로 어른들의 불안과 관심이 높아졌습니다. 하지만 아이들은 여전히 상처받으며 외로워하고 서로 욕하고 싸우기도 하며 자살을 기도합니다. 저는 그것이 서로가 서로의 마음을 너무 잘 안다고 생각한 나머지, 서로를 이해하려 노력하지 않고 오해한 채, 서로 용서하지 않기 때문이라고 생각합니다.

이럴 때 필요한 것이 상담이라고 생각합니다. 상담은 상대를 이해하기 위해 먼저 나를 이해하는 과정이고, 진심이 통하는 의사소통을 하는 과정이기 때문입니다. 그러나 상담에 관해서는 적지 않은 오해가 있습니다. '상담의 도움을 받아 보라'는 권유가 '너는 문제가 있다'거나 '너는 문제아다'라는 뜻으로 전달되는 때가 많기 때문입니다.

상담은 자신의 무의식을 깨닫게 해 스스로를 이해할 수 있도록 도와주고, 타인과 의사소통 능력을 증진시키며, 타고난 잠재력을 실현하도록 도와주는 도구입니다. 거의 모든 사람이 자신의 잠재력 실현과 행복한 삶을 열망한다는 것을 생각해보면, 자신의 잠재력을 실현하기 위해, 우리라는 공동체가 한데 어우러져 행복하게 살기 위해, 자신을 이해하고 서로 대화하는 것(상담)은 어쩌면 모든 사람에게 필요한 과정인지도 모릅니다.

이 책에 쓴 글들이 자신을 이해하고, 그것을 바탕으로 서로를 이해하며, 모두가 함께 어우러지는 관계 맺기를 위한 작은 모퉁잇돌이 되기를 소망합니다.

이 책에 실린 사례의 가장 많은 부분은 저와 제 딸에 관한 이야기입니다. 그리고 저의 제자와 내담자 들의 실제 사례를 바탕으로 구성했습니다. 기꺼이 자

신의 아픔을 다른 사람의 치유와 성장을 위해 개방해 준 저의 제자와 내담자 들에게 감사하는 마음을 전합니다.

저의 아픔이 제자와 내담자 들에게 위로의 도구가 되었듯, 이 책 속의 고민과 아픔이 14살의 성장통을 앓는 아이들과 그 이웃들, 그리고 아직도 마음속에 14살의 성장통을 머금은 채 살아가고 있는 어른들에게 위로와 치유의 도구가 되길 바랍니다.

노미애

차례

들어가며 04

1 내 마음을 알아주는 친구

외롭고 힘들어서 죽고 싶어요 14
내 마음을 알아주는 이가 한 사람만 있어도 죽지 않습니다
■ 당장 풀어야 할 자살에 대한 다섯 가지 오해
■ 청소년에게 위기가 있을 때 도움받을 수 있는 곳

괴롭힘 때문에 학교 가기가 싫어요 20
괴롭힘에 최대한 신경을 끊고 자신이 흥미로운 일을 하세요

왜 모범생인 저를 좋아하지 않죠? 28
내가 먼저 친구를 좋아해 봅니다

친구들이 저를 '왕자병'에 '잘난 척'한다고 따돌려요 34
내 마음의 결핍을 이해하고 나를 세상의 기준에 맞춰 보세요

사람들 앞에 서면 너무 불안해요 40
지나친 수줍음은 자신에 대한 부정적 이미지와 관련이 있어요

친구를 믿을 수 없어 괴로워요 46
친구 사이의 믿음은 있다고 믿는 사람한테만 있습니다

친구의 부탁을 거절해야 할지 결정을 못 하겠어요 50
내 마음이 원하는 것을 선택하세요

2 지금 꼭 공부해야 하나?

아직 꿈이 없는데, 지금 꼭 공부해야 하나요? 56
가는 중에 목표를 알게 되고, 행하는 중에 깨달을 수도 있습니다

중학교 첫 중간고사를 본 뒤로 아빠가 무서워졌어요 60
성적 비교의 대상을 나 자신으로 바꿔 보세요

아무리 공부해도 성적이 안 올라요 64
노력의 결과는 바로 나올 수도, 시간이 더 지나서 나올 수도 있습니다

왜 이리 끈기가 없고 싫증을 잘 낼까요? 68
습관의 변화는 결심이 아닌 연습에서 온답니다

실패를 견딜 수가 없습니다 74
아파하는 시간을 충분히 겪고 견뎌 내면 다시 도전할 힘이 생깁니다

아들을 어떻게 공부시켜야 할지 불안해요 80
엄마의 정서적 안정이 먼저입니다

3 끊을 수 없는 유혹, 중독

인터넷 게임을 그만하고 싶습니다 88
중독의 뿌리는 관계에서 채우지 못한 공허감입니다
■ 청소년이 인터넷에 빠지는 열 가지 까닭

제가 인터넷 중독인가요? 94
중요한 기준은 인터넷 사용자의 심리적 안정성과 조절력입니다
■ 인터넷 게임 중독 척도

담배를 끊고 싶어요 102
자신이 담배한테서 도움받고 있는 부분이 무엇인지 살펴보세요

자꾸 돈을 훔쳐요 106
내면의 갈등이나 우울감이 훔치는 행동으로 나타납니다

아들이 자꾸 나쁜 행동을 합니다 112
나쁜 행동은 매를 먹고 자랍니다

걱정이 너무 많아 공부할 기운이 없어요 118
시간을 정해 놓고 그만큼만 걱정해 보세요

4 이성 친구와 잘 지내는 법

서로를 만지고 나니 감정이 달라졌어요 124
성관계 후 남성은 떠나고 싶어 하고, 여성은 붙잡고 싶어 합니다

이성 친구와 잘 지내는 방법 좀 알려 주세요 130
좋은 관계를 위해 스스로 노력할 준비가 필요합니다

남친의 말을 거절할 수 없어 괴로워요 136
남친의 주장을 배려하는 만큼 자신의 주장도 존중하고 표현해 보세요

사귀는 오빠가 나쁜 걸 알면서도 헤어질 수가 없어요 142
사랑하는 사람의 문제를 통해 나의 심리적 문제를 돌아보세요

어떻게 이별하는 것이 좋을까요? 146
이별할 때도 상대를 배려하고, 상대가 받아들일 때까지 기다려 줍니다

뚱뚱해서 친구들이 싫어해요 150
내가 먼저 외모에 당당해지도록 노력해 보세요

5 행복한 우리 집은 어디에

아버지 때문에 미칠 것 같습니다 156
아들에게 아버지는 경쟁자이기도, 닮아가는 대상이기도 합니다

형제에게 질투가 나고 미워요 162
형제자매는 본능적으로 경쟁하는 관계, 자신의 강점을 확인하고 감사해 보세요

아빠 험담하는 엄마 때문에 힘들어요 168
엄마 내면의 힘을 믿고 엄마와 거리를 가져 보세요

엄마를 때리는 아버지 때문에 미치겠어요 174
가족의 부정적인 힘으로부터 정신적인 거리를 두는 게 필요합니다

딸에 대한 분노를 조절할 수가 없습니다 180
친정어머니와 자신을 용서하고 남편과 관계를 점검해 보세요

살찔까 두려워 먹고 토합니다 186
식습관을 회복하려면 심리적 어려움을 살펴봐야 합니다

6. 14살, 나는 누구인가?

문을 잠그고 싶습니다 194
마음의 문을 닫는 사람도, 열고 나오는 사람도 자신입니다

저만 바라보는 엄마가 부담스러워요 198
심리적으로 분리되어 어른으로 성장하는 과정입니다

아들이 창밖으로 뛰어내리려고 했어요 204
축구나 농구처럼 공격성을 표출할 수 있는 운동을 권해 보세요
■ 방어기제는 어떤 형태로 표현될까요?

모두 저를 비웃는 것 같아요 212
비웃는 것처럼 느껴질 뿐 실제는 그렇지 않을 수 있습니다

잠을 이렇게 많이 자도 괜찮을까요? 218
심리적 고통을 지우기 위해 에너지를 많이 쓰고 있습니다

내가 아는 나와 다른 사람들이 생각하는 내가 달라요 222
나도 잘 모르는 나의 모습이 있습니다

제 성격이 정말 이상한 걸까요? 228
청소년기의 성격은 이상한 게 보통입니다
■ 성격장애란 어떤 것인가요?

나가며 236

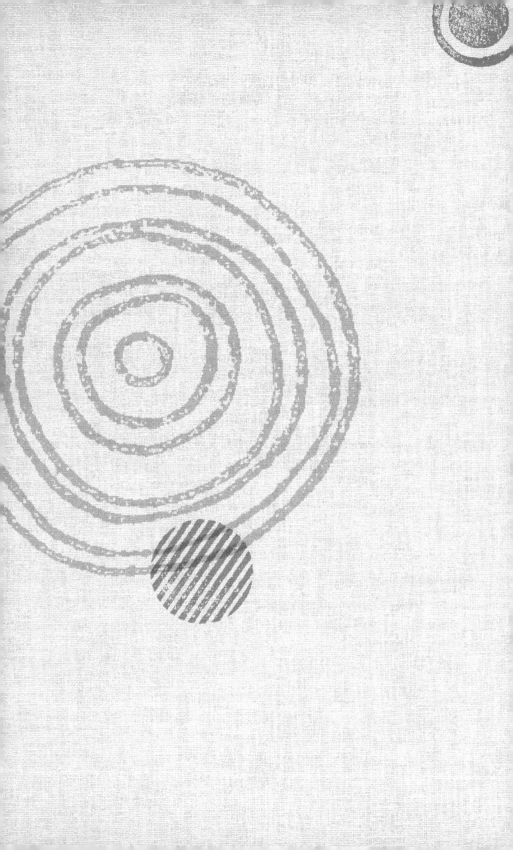

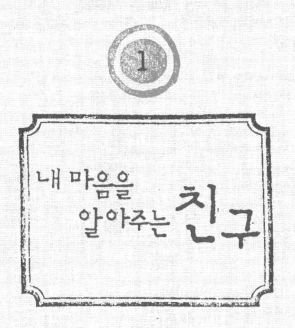

1

내 마음을
알아주는 친구

외롭고 힘들어서 죽고 싶어요

저는 중3 여학생인데 죽고 싶을 때가 많아요. 죽는 게 무섭긴 하지만

이렇게 사는 것보다는 나을 것 같습니다. 제 주위에는 고민을 나눌 사

람이 아무도 없습니다. 부모님은 별거 중이고, 저는 엄마랑 동생들과

살아요. 그런데 엄마가 이런 사정을 사람들이 알면 사람들이 손가락질

한다며 아무에게도 알리지 말라고 합니다. 저는 엄마마저 떠날까 봐

두려워 매사에 엄마 마음에 드는 모범생이 되려고 최선을 다합니다.

이런 비밀은 친구들한테 말해 줄 수가 없어요. 그런데 이런 저를 친구

들은 잘난 척한다며 싫어해요. 저는 어울릴 친구가 없어 학교 가기가

두렵습니다. 가끔 저에게 친절히 대해 주는 아이들도 있지만, 제 얘기

를 하면 그 애들도 모두 떠날 것 같아 아무와도 마음을 터놓지 못합니

다. 언제까지 이렇게 혼자서 모든 것을 감당해야 할까요? 너무 힘들고

외로워서 죽고 싶어요.

- 해인

•• 내 마음을 **알아주는** 이가
한 사람만 있어도 죽지 않습니다

해인 님, 제게 연락해 줘서 고마워요. 하기 어려운 이야기일 텐데 말해 준 것도 고마워요.

아버지는 함께 살지 않고, 엄마도 떠날까 봐 두렵다니 해인 님이 자주 죽음을 생각하는 것도 무리가 아닙니다. 자녀에게 부모가 떠날지도 모르는 상황은 생존을 위협하는 일입니다. 게다가 학교에서도 어울릴 친구가 없다니, 그 고립감 역시 죽을 것같이 고통스러운 상황이지요. 한 가지 문제만으로도 견디기 어려울 텐데, 이렇게 견뎌 줘서 고맙습니다.

그런데 저는 지금 해인 님이 가진 에너지에 놀라고 있어요. 그런 힘든 상황에서도 매사에 엄마를 기쁘게 하려고 최선을 다한다니, 그 힘이 어디서 오는 건지요? 그런 어려움을 겪으면서도 나쁜 선택을 하지 않고, 제게 속마음을 털어놓은 해인 님의 용기와 의지에 박수를 보냅니다. 내 마음을 온전히 말할 수 있는 사람, 동시에 내 맘처럼 나를 이해하는 이가 한 사람만 있어도 사람은 자살하지 않는다고 합니다. 제게 마음을 말해 줘서 정말 고마워요.

심리학자들은 해인 님과 같이 절박한 상황에 있는 사람을 '컵 안의 곤충'에 비유하지요. 컵 안을 돌고 돌다가 탈출구가 없다는 것을 알고는 희망을 버리고 우울과 무기력에 빠져 결국 자살을 선택하기 쉽다는 뜻입니다. 하지만 해인 님은 다른 것 같아요. 견디기 어려운 상황에서도 그토록 노력하고 있고, 이렇게 희망의 손을 내밀고 있으니 반드시 상황이 좋아질 거라는 확신이 들어요.

해인 님, 지금의 힘든 상황은 해인 님 잘못이 아니랍니다. 해인 님보다도 부모님께서 먼저 상담의 도움을 받는다면 많은 부분이 좀 더 수월하게 해결될 거예요. 하지만 그렇게 하지 못하더라도 절망하지 마세요. 해인 님이 제게 손을 내밀 힘이 있었듯이 상황을 바꿀 힘도 해인 님 안에 있답니다.

지금 상황만으로도 무척 힘든 해인 님에게 또 뭔가를 하라는 꼴이 되는 것 같아 조심스럽지만 해인 님이 희망을 가지리라 믿으며 자신을 도울 수 있는 몇 가지 조언을 들려 줄게요.

먼저, 친구들이 해인 님에게 하는 '잘난 척'이란 말은 마음에 담아 두지 마세요. 해인 님은 잘난 척하는 것이 아니라 잘났습니다. 어려운 상황에서도 이렇게 반듯하게 자란 해인 님은 참 괜찮은 사람입니다. 잘난 척한다는 건 다른 친구들이 해인 님을 잘 몰라서 생긴 오해랍니다. 언젠가 해인 님이 친구들에게 진실을 이야기할 수 있는 날이 오면 오해는 풀릴 거예요.

둘째, 자신을 이해하고 격려하는 말을 하세요. 모든 면에서 모범생이 되고자 노력하는 건 참으로 어려운 일입니다. 사람은 누구나 실수한다는 것이 진리입니다. 그런데 해인 님은 지금 엄마를 위해서, 또 손가락질받지 않기 위해서 최선을 다하고 있으니 얼마나 힘이 들까요? 이제 그런 의무감을 조금 내려놓으세요. 혹시 실수했을 때는 비난하지 말고 '괜찮아, 실수할 수 있어' 하고 스스로 여유를 가지세요. 또 '힘든 건 당연해. 힘들 땐 잠시 쉬어도 돼. 넌 다시 해낼 수 있어'라며 이해하고 격려해 주세요. 그러면 삶의 무게가 조금은 가벼워집니다.

셋째, 자신의 비합리적 사고를 알아차리세요. 비합리적 사고란, 인지적 오류가 있는 비현실적이거나 비논리적인 사고를 뜻합니다. 이를테면 자신의 얘기를 털어놓으면 모두 떠날 것이란 생각이 바로 비합리적 사고랍니다. 해인 님의 얘기를 듣고 어떤 친구는 놀라고 거리를 둘 수도 있지만, 반대로 어떤 친구는 공감하며 더 가깝게 다가올 수도 있고, 또 어떤 친구는 아무 상관하지 않을 수도 있답니다. 세상 사람이 모두 똑같이 받아들이는 일은 없거든요. 지금 해인 님에게는 쉽지 않겠지만, 마음이 좀 편안해지면 자신에 대해 말해도 크게 힘들지 않을 때가 올 거예요.

끝으로 친구와 마음을 나누세요. 친구를 사귀는 가장 빠른 방법은 친구들에게 먼저 질문하고 가슴을 열어 친구의 이야기를 들어 주는 것입니다. 예를 들면 아주 추운 날 친구에게 "학교 올 때 엄청 추웠지?" 하고 말을 걸어 보세요. 그러면 친구가 반응을 하겠지요? 만약 친구가 "응, 추운데 뛰어오느라 죽을 맛이었어!"라고 대답하면, "바빴구나", "많이 힘들었겠다" 하는 식으로 친구가 어떤 마음으로 그 말을 하는지 헤아려서 대답해 보세요.

이렇게 친구의 이야기를 듣다 보면 대화가 이어지고, 친구도 해인 님의 이야기를 듣고 싶어 하는 때가 곧 올 거예요. 사람들은 자기 이야기를 잘 들어 주는 사람을 좋아하게 되어 있거든요. 이야기의 물꼬를 트고 나면 친구 관계가 형성되고, 어느 단계부터는 서로에 대해 편안하게 이야기할 수 있답니다.

조금 도움이 되었나요? 해인 님의 지금 상황은 감당하기 어려운 고통이지만, 남을 더 깊이 이해하고 삶을 지혜롭게 풀어 가는 사람이 되기 위한 과정이기도 하답니다.

당장 풀어야 할 자살에 대한 다섯 가지 오해

1. 자살하겠다고 말하는 사람은 절대 자살하지 않는다. (×)

   자살한 사람의 80~90퍼센트는 실제로 자살하기 전에 어떤 식으로든 타인에게 신호를 보내거나 자살하겠다는 생각을 확실하게 말한다. '도와 달라는 외침'을 제대로 듣지 못하는 것이 문제다. (○)

2. 자살 위험이 큰 사람은 죽겠다는 각오가 확고하다. (×)

   자살할 위험이 큰 사람도 삶과 죽음 사이에서 심한 마음의 동요를 느낀다. 죽어 버리겠다는 생각뿐만이 아니라, 살고 싶다는 생각도 똑같이 강하다. (○)

3. 자살 이야기 자체가 위험하다. (×)

   자살을 말로 표현하다 보면 오히려 절망감에 압도된 기분을 어느 정도 거리를 두고 냉정하게 바라볼 수 있다. (○)

4. 자살 위험이 큰 사람에는 전형적인 유형이 있다. (×)

   자살에 이르기까지는 오랜 시간이 걸리고 많은 사연이 얽힌다. 삶의 고비마다 여러 가지 요인이 끼어들면 누구든 자살을 떠올릴 수 있다. (○)

5. 자살은 갑자기 일어나므로 예측할 수 없다. (×)

   자살은 사람의 일생에 관계된 뿌리 깊은 것이다. '사건'만 본다면 '갑자기' 일어난 일이지만 그 복잡한 내력을 살펴보면 갑자기 일어난 자살은 없다. (○)*

   * 『자살의 심리학』(다카하시 요시토모, 알마)에서 인용.

청소년에게 **위기**가 있을 때 **도움**받을 수 있는 곳

헬프콜 청소년 전화

http://1388.kyci.or.kr

전문 상담사가 항상 대기하고 있으며 전국에 상담 지원 센터가 있어 각종 심리 상담을 받을 수 있다. 위기 상황에는 직접 찾아와 구조 활동을 하기도 한다.

☎ 1388 (휴대 전화:지역 번호 + 1388)

한국자살예방협회 사이버 상담실

www.counselling.or.kr

자살 위험에 있는 사람들을 돕기 위한 상담실이다. 공개 상담실과 비공개 상담실로 나뉘어 있어 원하는 방식으로 상담 받을 수 있다.

☎ 02-413-0893

한국청소년쉼터협의회

http://jikimi.or.kr

가출 청소년이나 가정 형편상 집에 있기 어려운 청소년들을 위해 무료 숙식과 상담을 제공하는 곳이다. 전국에 쉼터가 마련되어 있으며 연락처는 홈페이지에 안내되어 있다.

☎ 02-403-9171

청소년 사이버 상담 센터(한국 청소년 상담원)

www.cyber1388.kr

한국 청소년 상담원에서 운영하는 사이버 상담 센터로 비밀 상담, 채팅 상담을 받을 수 있다.

☎ 1388 (휴대 전화:지역 번호 + 1388)

괴롭힘 때문에 학교 가기가 싫어요

중1 남학생입니다. 저는 초딩 때부터 항상 1번이었습니다. 제가 작고 공부를 못해서 그런지 아이들이 저를 자꾸 놀리고 괴롭힙니다. 제 이름이 재실이라고 저를 '재수'라고 부르는데 저는 정말 그 별명이 싫습니다. 중학교에 온 뒤로는 괴롭힘이 더 심해져서, 요즘엔 사물함 안의 책이 찢어져 있을 때도 있어요. 어떨 땐 체육복이 청소함에 들어가 있고, 급식받으려고 줄을 설 때도 아이들이 욕을 하거나 발을 걸어 자주 넘어뜨립니다.

선생님들은 괴롭힘당하는 건 모르고 제가 화내는 것만 가지고 야단쳐서 정말 억울합니다. 사실을 말씀드려도 애들은 선생님이 안 볼 때 저를 괴롭히고, 당하는 저만 계속 혼납니다. 요즘 들어 더 괴로운 건 아이들이 저를 괴롭혀서 화를 냈을 뿐인데, 친구들은 제 성격이 괴팍하다며 저와 잘 놀지 않고 왕따를 시키는 겁니다. 저는 정말 학교가 싫습니다.

– 재실

제 아들은 중2입니다. 아들이 학교에서 친구를 괴롭히고 때렸다는 연락을 받았습니다. 아이가 공부도 잘하고 반장이라 그런 일이 있으리라고는 꿈에도 생각을 못 했습니다. 가끔 집에서 형이랑 심하게 다투어 걱정한 적은 있지만, 애 아빠가 애들은 싸우면서 자라니 그냥 두라고 해서 다음부터는 별로 걱정도 안 했습니다.

아들 말로는, 피해 학생이 혼자 놀길래 같이 놀고 싶어서 장난을 걸었는데 반응이 없어 아무 생각 없이 홧김에 그랬다고 합니다. 이런 일이 있고 나니 혹시 형 영향이 있나 싶기도 하고, 화도 나고, 창피하고, 걱정도 됩니다.

- 지환 엄마

◦ ◦ ● ● 괴롭힘에 최대한 신경을 끊고
자신이 흥미로운 일을 하세요

재실 님, 친구들과 선생님에게 화가 많이 났지요? 억울하기는 또 얼마나 억울한가요? 거기다 왕따까지 당한다니 외롭고 힘들어서 어떻게 버티고 있는지 제가 다 안타깝습니다.

그럼에도 제게 괴롭힘 사실을 알려 준 재실 님이 대견합니다. 보통 괴롭힘을 당하는 학생들은 괴롭힘당하는 것 자체를 창피해하거나, 보복이 두려워 숨기는데, 이렇게 용기를 낸 걸 보니 재실 님 내면의 힘이 강하게 느껴지는군요. 괴롭힘 사실을 선생님께 말씀드렸다가 외면당한 경험이 있는데도 포기하지 않고 제게 다시 말해 준 것을 보니, 재실 님은 자기를 존중하고 지킬 줄 아는 용기 있는 사람임이 분명합니다.

지환 어머님, 아이가 걱정되고 난감하시지요? 그 마음 충분히 이해합니다. 그러면서 화도 나고, 창피하기도 하다니 마음고생이 심하실 것 같습니다.

재실 님이나 지환이 모두 지금으로선 감정이 상한 상태라 상대방을 이해하기가 어렵겠지만, 두 상황 모두 상대를 이해하고 용서해 상처가 남지 않게 하는 것이 갈등을 해결하는 방법입니다. 마침 두 사례가 서로의 처지를 짐작해 볼 수 있는 상황이기에 둘의 이야기를 한데 묶어 보았습니다.

먼저 재실 님과 이야기해 볼까요?

재실 님, 무엇보다 괴롭힘을 당하는 원인이 자기 탓이 아님을 기억하세요.

연구 결과를 보나 제 경험으로 보나, 중학교 1학년 때 유독 괴롭힘이 많이 발생합니다. 그런데 재실 님의 경우는 괴롭힘이 방치되어 왕따로까지 이어지는 것 같아 안타까워요.

괴롭힘은 어릴 때부터 조금씩 발생합니다. 그런데 중학교에 들어와 본격적인 입시 경쟁이 시작되면 스트레스와 좌절감이 쌓이고, 이를 마땅히 풀 수 없을 때 약한 친구를 괴롭힘으로써 감정을 풀려는 아이들이 있습니다. 그래서 중학교 1학년 때 괴롭힘이 증가해요. 중학생들은 경쟁에서 좌절해 부모님이나 선생님에게 분노가 쌓여도 그 분노를 어른에게 표현하기는 어렵습니다. 그러다 보니 자기보다 약한 대상에게 화풀이를 하게 되지요. 이런 것을 심리학에서는 방어기제 중 '전위'라고 합니다. 우리 속담으로 치면 '종로에서 뺨 맞고 한강에서 화풀이'하는 격입니다. 재실 님한테는 너무도 아픈 말이지만, 재실 님 말대로 작고 약해 보여 친구들의 화풀이 대상이 된 것 같습니다.

둘째, 재실 님의 상황을 해결하려면 괴롭힘 사실을 공개하고 단호하게 대처해야 합니다. 이미 선생님께 말씀을 드렸는데도 도움을 받지 못했다니 정말 안타깝습니다. 그래도 제게 말해 준 용기를 다시 한 번 발휘하세요. 부모님이나 도움받을 만한 어른에게 알리고 이 상황을 끝내야 합니다. 사회적 원인에서 비롯된 문제이기 때문에 학생의 힘만으로는 대처하기가 어려워요. 재실 님의 상황처럼 은밀한 괴롭힘은 내용을 공개하고, 괴롭히는 행동 자체가 잘못이고 처벌의 대상이라는 걸 강조하면 대체로 줄어듭니다.

셋째, '자기 보호'를 하세요. 이미 재실 님은 괴롭히는 친구들한테 화를 내고, 선생님과 제게 알리는 등 자기 보호를 하고 있습니다만, 몇 가지 더 도움이 될 만한 방법을 알려 줄게요.

먼저 별명에 과민하게 반응하지 마세요. 괴롭히는 아이들은 재실 님의 과민 반응을 재미있어 하거든요. '돼지 눈엔 돼지가 보이고, 부처 눈엔 부처가 보인다'는 말이 있습니다. 언행은 그 사람의 마음을 표현합니다. 그들이 부르는 별명은 그들과 관계가 있지 재실 님과는 아무 관계가 없답니다. 쉽지 않겠지만 별명 불리는 것을 싫어하지 말고 그냥 익숙해지세요.

그리고 자신 있게 걸어 다니세요. 괴롭힘당한다는 의식 때문에 마음이 위축되고 행동도 소심해지면 괴롭힘이 더 늘어날 수 있습니다. 일부러 강한 척할 필요도 없어요. 재실 님의 원래 모습대로 자신 있게 걸어 다니세요.

혹시 괴롭힘이 발생하더라도 화를 폭발시키거나 신경질적으로 반응하지 말고, 한 번 숨 쉴 여유를 가진 다음 침착하고 단호하게 감정을 표현하세요. 예를 들어 상대방에게 "나, 이런 일로 화났다. 다음부터는 그러지 말았으면 좋겠다"라든지, 아니면 "나, 이런 일 때문에 화났다. 이번엔 용서하겠지만, 다음에 또 이러면 선생님께 말하겠다"는 식으로요.

끝으로 괴롭힘에 최대한 신경을 끊고 재실 님이 흥미를 느끼는 일을 하세요. 괴롭힘은 반응할수록 심해집니다. 최대한 신경을 끊고 재미있는 일, 예를 들어 만들기, 바둑, 장기, 축구, 책 보기, 그림 그리기, 글쓰기, 보드 게임, 퍼즐 맞추기 같은 것을 해 보세요. 그러면 괴로움도 잊을 수 있고 자신감도 생길 겁니다.

그런 다음 이번 일이 재실 님에게 상처로 남지 않도록 해야 합니다. 그것은 가해자들이 재실 님을 괴롭힌 까닭을 알고, 용서하는 것입니다. 지금은 감정이 상한 상태라 어려울지도 몰라요. 하지만 용서는 다른 사람이 아닌 재실 님 자신을 위해 매우 중요한 일이랍니다. 가해자들의 행동은 분명 나쁩니다. 하지만 지환이처럼 재실 님의 마음을 모르고 한 장난이었을 수도 있고, 어쩌면 재실 님의 어떤 행동을 오해했거나 섭섭한 마음이 있어서 그랬을지도 몰라요. 왜 그랬는지 까닭을 알면 용서하기가 좀 수월할 거예요.

용서가 중요한 이유는 그들을 용서해야 재실 님 마음에 분노가 남지 않기 때문입니다. 만약 그 분노를 계속 마음에 쌓아 두면 앞으로 사는 동안 대인 기피증이 생기거나, 특정한 사람에게 심하게 분노하는 등 대인 관계에 부정적 영향을 미쳐 재실 님의 삶을 힘들게 할 수 있답니다. 지금이면 더 좋고, 지금 힘들면 시간이 흘러 언젠가 할 수 있을 때, 부디 마음속에서 그들을 용서하세요.

이번엔 지환 어머님께 말씀드릴게요.

지환이의 행동은 6장^{206~211쪽}에 나오는 민제의 행동과 공통점이 많군요. 무엇보다 지금은 지환이를 이해하는 것이 선행되어야 합니다. 여기서는 지환이를 돕는 방법을 알려 드릴게요. 그리고 뒤에 나오는 민제 이야기도 꼭 참고해 주세요.

먼저, 지환이가 자기 행동에 책임지는 방법을 배우도록 가르쳐 주세요. 6장에 소개한 민제와 달리 안타깝게도 지환이는 직접 남을 때렸습니다. 또 장난이나 홧김이라는 지환이의 표현으로 보아 자신의 행동이 남을 힘들게 했다는 사실을 깨닫지 못하는 것 같네요. 지환이의 행동은 타인에게 직접 피해를 준 행동입니다. 그리고 행동에는 책임이 따른다는 사실은 누구나 반드시 배워야 하는 교훈입니다. 어머님이 지환이의 품성을 믿고, 지환이가 반성의 시간을 가지도록 이끌어 주세요. 동시에 자기 행동에 책임을 지게 가르쳐 주시기 바랍니다.

둘째, 아버님의 가르침이 제대로 전달되게 해 주세요. 애들은 싸우면서 자라니 그냥 두라는 아버님 말씀은 아마 '아이들은 때로 싸우면서 갈등을 해결하고 사이좋게 지내는 법을 배우기도 하니, 스스로 해결하는 법을 깨우치게 지켜보자'는 뜻이었을 겁니다. 그런데 지환이가 친구와 싸우고 갈등을 해결한 것이 아니라 남을 때렸다니, 지환이 형제에게는 '상대를 제압하기 위해서는 폭력을 써도 좋다'는 의미로 잘못 전달된 듯합니다. 지금이라도 아버지의 가르침이 제대로 전달되게 지도해 주세요.

셋째, 지환이가 공감 능력을 높이도록 '입장 바꾸어 생각하기'를 연습하게 해 주세요. 공감 능력이 높아지면 자신의 행동이 상대에게 미치는 영향을 알게 되어 지금보다 더 지도력 있는 리더가 될 것입니다.

한편, 가해자는 다른 상황에서는 피해자가 될 확률이 높다는 연구 결과가 있습니다. 지환이가 그럴 리는 없겠지만, 남의 감정을 헤아리지 못하고 공감 능력이 낮으면, 의사 소통 능력이 떨어지고 자아 존중감이 낮아 또래로부터 배척당하는 등 또 다른 피해자가 될 수 있습니다. 참고로 영화 〈파수꾼[2010]〉이 그런 예를 잘 보여 주고 있답니다. 입장 바꾸어 생각하기는 혹시라도 생길지 모를 상황을 예방하는 좋은 방법입니다.

넷째, 지환이가 잘못한 행동은 반성하되 그 행동을 한 자신은 용서하도록 이끌어 주세요. 이런 사건에는 가해자와 피해자라는 것이 별로 의미가 없습니다. 괴롭힌 학생과 괴롭힘을 당한 학생 모두에게 상처가 남을 수 있기 때문입니다. 지환이에게 죄책감이 남지 않도록, 한 번의 실수로 자존감이 손상되지 않도록, 자신을 용서할 수 있게 관심 있게 지켜보고 이해해 주세요.

생명의 가치

어느 의과 대학에서 교수가 학생들에게 물었다.

"한 부부가 있는데, 남편은 매독^{심한 성병의 하나}에 걸렸고, 아내는 심한 폐결핵에 걸렸습니다. 이 가정에는 아이가 넷 있는데, 한 아이는 며칠 전에 병으로 죽었고, 남은 세 아이도 결핵으로 누워 있어 살아날 가망이 거의 없습니다. 게다가 폐결핵에 걸린 부인이 임신 중인데 어떻게 하면 좋겠습니까?"

그랬더니 한 학생이 손을 번쩍 들고 대답했다.

"낙태 수술을 해야 합니다."

교수는 이렇게 말했다.

"방금 자네는 베토벤을 죽였네."

이 불행한 환경에서 다섯 번째 아이로 태어난 사람이 오늘날 '음악의 성자'로 불리는 베토벤이랍니다. 강하고 아름다운 생명은 존중받을 가치가 있고, 약하고 못난 생명은 존중받을 가치가 없을까요? 생명은 그 자체로 충분히 존중받을 가치가 있고, 그 가치에는 조건이 없답니다.

왜 모범생인 저를 좋아하지 않죠?

저는 중1 남학생이고 저희 반 반장입니다. 그런데 반 아이들은 제 말보다, ○○의 말을 더 따르는 것 같아요. 쉬는 시간엔 그 애가 하자는 대로만 놀고, 제가 하자고 하면 호응이 없습니다. 이젠 뭐 하자고 말도 꺼내기 싫어 혼자 노는 편입니다.

제가 보기에 그 애는 자기 맘대로 행동하고, 공부도 잘 못하고, 선생님께 혼날 때도 핑계만 대는 것 같은데, 아이들은 왜 그런 애를 좋아하는지 모르겠습니다. 솔직히 저는 그 애가 싫습니다. 저는 선생님 말씀도 잘 듣고, 공부도 열심히 해서 선생님들도 칭찬하는데, 왜 아이들은 저를 좋아하지 않죠?

- 진욱

•• 내가 먼저
친구를 좋아해 봅니다

  진욱 님, 자신은 사랑받기 위해 열심히 노력하는데, 아무 노력도 하지 않는 것처럼 보이는 ○○을 친구들이 더 좋아하니 이해가 안 되고 답답한가 봅니다.

  자신이 인기 없는 이유가 궁금하다고요? 제가 보기엔 진욱 님은 인기가 있습니다. 인기에는 두 가지 종류가 있답니다. 하나는 뛰어난 능력을 갖추어 다른 사람들이 그의 통솔력을 따르고자 할 때 생기는 것이고, 나머지는 친밀감이 있어 함께하면 편안하고 재미있는 사람이 얻게 되는 인기입니다. 이 중 진욱 님은 첫 번째 종류의 인기가 있는 것으로 보입니다. 그러니 반장으로 뽑혔겠지요. 그런 인기는 정치가를 뽑을 때처럼 개인의 능력이 전체를 위해 도움이 될 것이라는 판단이 설 때 생긴답니다. 하지만 친밀감에서 오는 인기는 좀 다르지요. 이런 인기는 자신과 상대의 감정을 모두 존중할 줄 아는 사람에게 생기지요. 아마도 ○○은 이런 면을 가지고 있는 게 아닌지 모르겠습니다.

  그럼 이제부터 진욱 님이 이 두 가지 인기를 고루 갖추어 리더십을 발휘할 방법을 알려 줄게요.

  가장 중요한 건 진욱 님이 왜 ○○을 싫어하는지 이해하는 것이에요. 혹시 기분이 나쁠지 모르겠지만, 사실은 ○○이 부럽지 않은가요? 지금부터 가만히 자신의 마음을 들여다보세요. 혹시 ○○처럼 자기 맘대로 행동하고 싶고, 성적이 나빠도 인정받고 싶고, 억울할 땐 상대가 선생님이라도 진욱 님의 의견을 당당히 말하고 싶은 마음이 있는 건 아닌가요? 만약 그렇다면 진욱 님은 그렇게 하고 싶은 마음이 내면에 꾹 눌려 있기 때문에 ^{방어기제 중 억압} 자신이 하고 싶지만 못하는 것을 자유롭게 하는 ○○이 싫은 겁니다.

진욱 님은 바른 사람이 되려면 마음대로 행동해서는 안 되고, 사랑받고 인정받으려면 공부를 잘해야 하며, 어른이 말씀하실 때는 자기주장을 하면 안 된다는 교육을 받으며 자란 것 같습니다. 아니면 다른 까닭으로 스스로 그런 메시지를 줬을 수도 있고요. 바로 그런 메시지가 진욱 님의 자유로운 감정을 내면에서 꾹 눌러 억압했고, 자기와 반대된 면을 지닌 ○○이 싫어진 것이지요.

이런 상황을 해결하려면 친구의 싫은 점이 사실은 자신의 내면임을 알아야 해요. 친구들에게 ○○에 대한 마음이 어떤지 물어보세요. 아마도 진욱 님의 마음과는 다른 점들이 있을 겁니다. 그런 과정을 반복하면 ○○에 대한 싫은 감정이 진욱 님 안에서 비롯된 것임이 조금 선명해질 거예요.

다음은 그런 꾹 눌린 감정이 왜 생겼는지 생각해 보세요. 과거에 부모님께 심하게 혼났거나, 부모님이 좋은 가르침을 주시기 위해 그렇게 가르쳤을 수도 있어요. 하지만 사람은 크게 나쁜 일이 아니면 마음대로 행동할 수도 있답니다. 진욱 님의 생각이 여기까지 이르면 부모님께 섭섭한 마음이 들거나 화가 날 수도 있습니다. 그렇다면 그 마음을 또 꾹 누르지 말고 부모님께 말씀드리세요. 그게 쉽지 않으면 일기나 편지, 그림 같은 것으로 표현해 보세요. 표현하면 할 때마다 감정의 크기가 작아지는 걸 느낄 거예요. 마음이 편안해지면 ○○에 대한 싫은 감정도 저절로 줄어든답니다.

그럼 이번엔 친밀감을 바탕으로 하는 인기를 얻는 방법을 소개해 줄게요.

첫째, 친구들이 나를 좋아하기를 바라기보다 내가 먼저 친구를 좋아해 보세요. 지금 진욱 님은 ○○을 싫어할 뿐 아니라, ○○을 더 따르는 친구들도 이해하지 못해 친구들 전체를 원망하는 마음이 있는 것 같네요. 친구들은 아무 생각 없이 ○○과 노는 것일지도 모르는데, 나보다 ○○을 따르는 게 싫어서 내가 먼저 친구들을 싫어하는 것이지요. 신기하게도 내가 누군가를 싫어하는 마음이 있으면 그 상대도 내 마음을 알게 된답니다.

지금부터라도 내가 먼저 상대방을 좋아하면 어떨까요? 그러면 상대도 자기를 좋아하는 내 마음을 알게 되지 않을까요? 물론 예외도 있습니다. 마음의 여유가 없는 사람은 어떤 좋은 감정을 주어도 받지 못하거든요. 그럴 때는 그 친구가 마음에 여유가 없구나, 하고 그냥 두면 됩니다.

둘째, 남의 이야기를 잘 들어 주세요. 그 비법은 앞의 해인 님의 예에서 소개했으니 그 부분[17쪽]을 참고하시고요.

셋째, 서로의 마음이 통하는 지점을 찾으세요. 친구 관계가 좋은 사람은 내 마음이 더 소중하다고 친구의 마음을 내게 맞추려 하지도 않고, 친구의 마음이 더 소중하다고 나를 친구에게 맞추려 하지도 않는답니다. 서로의 마음이 통하는 지점을 알기 때문이지요. 이건 대인 관계의 핵심이라고 할 만큼 중요하고 또 어려운 일입니다. 당장은 쉽지 않겠지만 모든 배움이 그렇듯 머리로 알고 난 후에는 실천할 수 있을 때까지 연습해야 내 것이 된답니다.

이제 진욱 님은 좋은 대인 관계 맺기를 위한 목표와 방법을 알게 되었습니다. 더 큰 리더십을 원한다면 지금부터 자신의 마음을 자꾸 들여다보고, 꾸준히 연습하세요. 마음도 몸처럼 돌보아야 잘 자라거든요.

자전거 경매장에서

외국의 어느 자전거 경매장에서 있었던 일입니다. 그날 따라 많은 사람이 찾아와 저마다 좋은 자전거를 적당한 값에 사기 위해 분주했습니다. 그런데 어른들이 주 고객인 경매장의 맨 앞자리에 한 소년이 앉아 있었고, 소년의 손에는 5달러짜리 지폐 한 장이 들려 있었습니다.

경매가 시작되자 소년은 볼 것도 없다는 듯 제일 먼저 손을 번쩍 들고 "5달러요!" 하고 외쳤습니다. 그러나 곧 다른 누군가 "20달러!"라고 외쳤고, 그 사람에게 첫 번째 자전거가 낙찰되었습니다. 두 번째, 세 번째, 네 번째도 마찬가지였습니다. 5달러는 어림도 없이 15달러나 20달러, 어떤 것은 그 이상의 가격에 팔렸습니다. 보다 못한 경매사는 안타까운 마음에 소년에게 슬쩍 말했습니다.

"꼬마야, 자전거를 사고 싶거든 20달러나 30달러쯤 값을 부르거라."

"하지만 아저씨, 제가 가진 돈이라곤 이게 전부예요."

"그 돈으론 자전거를 살 수 없단다. 가서 부모님께 돈을 더 달라고 하려무나."

"안 돼요. 우리 아빠 실직했고, 엄만 아파서 돈을 보태 줄 수 없어요. 동생한테 꼭 자전거를 사 가겠다고 약속했단 말이에요."

소년은 아쉬움에 고개를 떨구었습니다. 소년은 계속해서 자전거를 사지 못했습니다. 하지만 여전히 제일 먼저 5달러를 외쳤고, 어느새 주변 사람들이 소년을 주목하게 되었습니다. 이제 그날의 마지막 자전거가 나왔습니다. 이 자전거는 그날 나온 경매품 중 가장 좋은 것으로 많은 사람이 그 경매를 고대했습니다.

"자, 최종 경매에 들어갑니다. 이 제품을 사실 분은 값을 불러 주십시오."

경매가 시작되었습니다. 소년은 풀죽은 얼굴로 앉아 있었지만, 역시 손을 들고 5달러를 외쳤습니다. 아주 힘없고 작은 목소리였습니다. 순간 경매가 모두 끝난 듯 경매장 안이 조용해졌습니다. 아무도 다른 값을 부르지 않았습니다.

"5달러요, 더 없습니까? 다섯을 셀 동안 아무도 없으면 이 자전거는 어린 신사의 것이 됩니다."

사람들은 모두 팔짱을 낀 채 경매사와 소년을 주목하고 있었습니다.

"다섯, 넷, 셋, 둘, 하나."

"와~아!"

소년에게 자전거가 낙찰되었다는 경매사의 말이 떨어졌고, 소년은 손에 쥔 꼬깃꼬깃한 5달러짜리 지폐 한 장을 경매사 앞에 내놓았습니다. 순간 그곳에 있던 모든 사람들이 자리에서 일어나 소년을 향해 손뼉을 쳤습니다. *

다른 사람들 마음이 내 마음 같지 않을 때가 있지요? 지금은 힘들지 몰라도 내 마음에 진정성이 있으면 시간이 문제일 뿐 언젠가는 마음이 통한답니다.

* 월간 『낮은 울타리』 (1998년 9월호) '동화로 열어 가는 상담 이야기'에서 인용.

친구들이 저를 '왕자병'에
'잘난 척'한다고 따돌려요

저는 중2 남학생입니다. 요즘 자존심이 상해 우울하고 화가 납니다. 제가 전교회장 선거에 출마하려고 했더니 친구들이 저에게 '완전 잘난 척'이라며 대놓고 욕을 합니다. 평소 '왕자병'이라는 말을 듣기는 했어도 그저 질투라고 생각했지, 애들이 이 정도로 저를 저주하는지는 몰랐습니다.

엄마는 항상 "넌 특별한 사람이다"라고 말씀하시고 매일 새벽 네 시에 저를 깨워 공부하게 도와주십니다. 저는 다른 애들보다 우수하고 더 노력하고 있으니 회장이 될 만하지 않나요? 지들은 저보다 여러모로 모자라고 노력도 안 하면서 왜 저를 욕하고 따돌리는지 모르겠습니다. 애들한테 화도 나고, 혹시라도 제게 문제가 있는 건지 답답하기도 합니다.

- 준수

••• 내 마음의 결핍을 이해하고
나를 세상의 기준에 맞춰 보세요

준수 님, 회장 선거엔 나가지도 않았는데, 친구들이 그렇게 대놓고 욕을 했다니 정말 놀라고 화가 많이 났겠군요. 우울하다고 하는 걸 보니 욕을 듣기만 했지 욕하는 친구들에게 변변히 대꾸도 못하고 참은 건 아닌지 모르겠습니다. 만약 그렇다면 정말 많이 괴로울 텐데요.

어머니가 네 시에 깨워서 공부하게 도와주신다고요? 제가 준수 님의 취침 시간과 하루 생활 패턴을 잘 몰라서 정확히 말씀드리기는 어렵지만, 일반적인 중학생의 일과와 비교해 볼 때, 새벽 네 시부터 일어나 공부하게 한다는 건 어머니의 뜻이 아무리 좋다 해도 좀 지나친 것 같네요. 그런데도 준수 님은 어머니를 원망하기는커녕 도와주시는 것으로 생각하니, 그 마음이 지극해 보입니다. 또 친구들에게 그렇게 대놓고 욕을 들었으면 엄청나게 화가 나서 상황을 생각해 볼 여유가 없을 법도 한데, 그 와중에도 친구들만 원망하는 것이 아니라, 자신에게서 원인을 찾아 어려움을 현명하게 풀어 가고자 하는 이성적 힘이 느껴지는군요.

준수 님의 말처럼 제가 보기에도 준수 님은 똑똑하고 사리분별이 밝은 사람 같습니다. 그러나 준수 님이 '나는 남들보다 똑똑하고 옳고 특별하다'고 생각하는 건 좀 생각해 볼 부분이랍니다. 바로 이런 부분이 친구들로 하여금 준수 님을 '왕자병' 또는 '잘난 척하는 아이'로 느끼게 할 수 있거든요.

준수 님의 그런 생각은 어머니의 좋은 의도가 잘못 전달되어 그런 것 같아요. 어머니가 준수 님에게 '넌 특별한 사람'이라고 항상 말씀해 주신다고 했지요? 모든 부모에게 자식은 특별하답니다. 그러니 어머니 말씀은 지극히 옳습니다. 그러나 모든 부모에게 자식은 다 특별하니 결국 모든 사람이 다 특별합니다. 혹시 어머니 말씀이 '남보다' 특별하다거나 '준수 님만' 특별하다는 말로 전달된 건 아닌지 모르겠네요. 세상 모든 사람은 다 특별하고 다 귀하답니다. 내가 소중한 만큼 남도 소중하고, 내가 특별한 만큼 남도 특별하지요.

준수 님처럼 '나는 남들보다 똑똑하고 옳고 특별하다'고 생각하는 걸 심리학에서는 '과도한 자기애'라고 해요. 자기애란 자기 자신을 사랑하는 것을 뜻하는 말로, 적당한 자기애는 건강한 성장을 위해 반드시 필요합니다. 이를테면 '나는 괜찮은 사람이다'라는 느낌 같은 것 말이에요. 그러나 준수 님은 정도가 좀 지나친 것 같습니다.

일반적으로 과도한 자기애가 있는 사람은 자신이 남보다 특별하고 우월하다고 생각합니다. 또 그렇게 느끼고 싶어서 남보다 지나치게 공부나 일에 열중하지요. 그러다 보니 다른 사람의 감정을 헤아리거나 친밀감을 나누는 관계 맺기를 배울 여유가 없어집니다. 그리고 남에게 지속적으로 칭찬받고 싶은 욕구가 강해서 주변 사람들을 불편하게 하는 등 대인 관계에 어려움이 생길 수 있어요. 이런 사람의 가장 큰 어려움은 남들이 모두 평범하거나 자기보다 못하다고 여겨, 자기도 모르게 남을 무시하는 거랍니다. 이런 태도가 계속되면 주변 사람들과 갈등을 겪고 심하면 따돌림을 당할 수 있는데, 지금 준수 님이 그런 상황인 것 같습니다.

그러면 왜 준수 님에게 과도한 자기애가 생겼을까요? 제가 앞에서 어머니의 좋은 의도가 잘못 전달된 것 같다고 했지요? 그런데 심리학자들은 과도한 자기애의 원인이 그보다 더 깊은 곳에 있다고 봅니다. 대개 어린 시절 엄마의 정서적 보살핌이 결핍되었거나 과잉보호를 받았기 때문이라고 해요.

혹시 어머니가 준수 님의 성적에 밀접하게 도움을 주시는 만큼 다른 부분도 똑같이 보살펴 주시나요? 예를 들어 준수 님이 기분이 안 좋을 때 그것을 알아차려 이해하고 마음을 풀도록 도움을 주시는지요? 그랬다면 좋을 텐데, 오히려 화를 내거나 무관심해서 준수 님에게 적절한 도움을 못 주셨을 수도 있습니다. 혹시라도 어머니께서 이런 방식으로 준수 님을 대했다면 정서적 보살핌이 부족한 것으로 볼 수 있답니다.

어쩌면 반대로 지나친 사랑과 보호를 주셨다면 준수 님은 지금 자신만이 아니라 모든 사람이 특별하다는 사실을 깨닫지 못하는 것일 수도 있습니다.

준수 님, 자신을 돌아보세요. 혹시 준수 님이 정서적 보살핌이 결핍되었거나 과잉 보호를 받은 것 같은 생각이 드나요? 그렇다면 무의식 속에서는 자신이 사랑받을 가치가 없거나 모자란 존재라고 여기고 있을 수도 있어요. 바로 그런 무의식의 심리 상태를 보상받기 위해 자기가 남보다 우월하다고 느끼고 싶어 하는 과도한 자기애가 형성된 거랍니다.

이런 무의식에 관한 내용을 받아들이고 말고는 전적으로 준수 님 마음에 달렸습니다. 마음이 불편하다면 굳이 받아들이려 애쓰지 않아도 좋아요. 다만 내 마음이 원하는 무언가가 더 있고, 그 부분에 대한 돌봄이 좀 더 필요하다는 생각을 하면 도움이 될 거예요.

그럼, 이제부터 준수 님의 마음을 돌보고 과도한 자기애를 건강한 자기애로 바꾸는 방법을 알려 줄게요.

첫째, 자신의 마음에 공감하는 말을 스스로 해 주세요. 공감하는 말이란 누군가의 마음을 이해하는 말입니다. 준수 님 마음이 힘들 때, 제가 앞에서 준수 님의 마음을 헤아리고 격려해 준 것 같은 말을 자신에게 하세요. 그냥 매일 시간을 정해서 생각해도 좋고, 거울을 보며 말해 주는 것도 좋습니다. 내 마음을 자꾸 이해하고 공감하다 보면 남의 마음을 이해하고 공감하는 능력이 향상된답니다. 그러면 자연스럽게 친구 관계도 좋아질 것이고요.

두 번째로, 나를 반복적으로 세상의 기준에 맞추어 조금씩 좌절을 경험해 보세요. 성장은 역설적이게도 좌절과 상처를 경험하면서 일어난답니다. 천동설이 지배했던 시기에 지동설은 지구가 세상의 중심이라고 믿었던 사람들의 마음에 상처를 주었습니다. 하지만 지구가 세상의 중심이 아닌 것을 받아들였을 때부터 과학이 발전했지요.

사람의 마음도 마찬가지랍니다. 사람은 자신이 세상의 중심이 아님을 알게 되었을 때 비로소 자신에 대해 진지하게 고민하기 시작합니다. 그리고 이런 진지한 태도가 깨달음으로 이어질 때 비로소 '그래도 나는 괜찮은 사람이다'라는 생각이 들면서 성장한답니다.

중요한 것은 좌절과 상처를 경험하더라도 그것을 바탕으로 성장할 수 있도록 자신의 마음을 충분히 돌보는 것입니다. 마음을 충분히 돌본다는 것은 마음이 불편하거나 힘들 때 자신에게 화내거나 비난하지 않고, 그 힘든 마음을 알아차리고 이해하고 풀 수 있도록 도움을 주는 것입니다. 어릴 때에는 엄마가 해 주셨겠지만, 이제는 스스로도 충분히 할 수 있는 일이지요.

지금은 이 일이 준수 님을 우울하고 화나게 하겠지만, 이 일을 소중한 성장의 기회로 삼으면 도움이 될 거예요. 자신의 경험을 통해 문제점과 해결책을 내부에서 찾고, 그것을 현실에서 반복적으로 실천하여 몸에 익히는 과정이 바로 마음이 자라는 과정이랍니다.

사람들 앞에 서면 너무 불안해요

저는 중2 남학생인데요, 사람들 앞에 서는 일이 너무 두렵고 힘듭니다. 요즘 과목별로 모둠 활동을 자주 하는데 제가 발표할 차례가 오면 죽을 맛입니다. 저는 공부를 잘하는 편이라 선생님이나 애들이 발표를 자주 시킵니다. 그런데 사람들 앞에만 서면 떨려서 말이 잘 안 나옵니다. 발표하려고 적어 놓은 것도 제대로 읽지 못한 적이 한두 번이 아닙니다. 친한 친구들과는 잘 지내는데, 낯선 사람이나 여러 사람 앞에 서면 완전 떨립니다.

어제는 반장 선거 날이었는데, 떠느라 말까지 더듬는 저를 반 애들이 바보로 생각할 것 같아 일부러 결석했습니다. 저도 이런 제가 창피한데, 남들은 얼마나 저를 싫어할까요?

저도 사람들 앞에서 떨지 않고 말하고 발표도 멋지게 하고 싶은데, 도저히 안 됩니다. 무슨 방법이 없을까요?

— 건희

•• 지나친 수줍음은 자신에 대한
부정적 이미지와 관련이 있어요

　건희 님, 사람은 누구나 남 앞에 서서 말하려면 조금씩은 떨리게 마련이랍니다. 그런데 건희 님은 그런 모습을 남들에게 보이기 싫어 결석까지 했다니, 사람들 앞에 서는 일이 공포감 수준인 것 같아 마음이 안쓰럽습니다.

　심리학자들은 건희 님이 겪는 것 같은 지나친 수줍음이 유전적 원인이나 부정적 자아상^{자기 자신에 대한 부정적 이미지}과 관련이 있다고 봅니다. 예컨대 어린 시절 엄마가 아이를 키우면서 아이의 욕구를 너무 거부하거나, 남의 시선을 지나치게 의식한 나머지 비판적으로 키운 것이 영향을 준다는 얘기지요.

　건희 님의 글에는 부모님 이야기가 없어서 자란 환경을 짐작하기는 어렵습니다. 하지만 '나 자신이 창피하다'거나 '남들이 나를 싫어하고, 바보로 여길 것'이라고 생각하는 것을 보니 자신에 대해 부정적 이미지를 가지고 있는 것 같네요. 건희 님의 지나친 수줍음은 이런 부정적 자기 이미지를 보상하기 위해 남들에게 좋은 평가를 받고자 하는 마음이 지나쳐서 오히려 제대로 행동할 수 없을 만큼 불안해진 것이랍니다.

　그런데 알고 보면 지나친 수줍음은 많은 사람이 겪고 있는 심리적 어려움입니다. 그래서 지나친 수줍음을 소재로 한 영화나 드라마도 많이 있지요. 이런 작품들을 보며 도움받는 것을 '영화 치료' 또는 '이야기 치료'라고 하며, 일반적인 상담 과정에서 활용하기도 한답니다. 건희 님에게도 몇 가지 소개해 줄게요.

멀게는 구약성서에 나오는 인물 모세부터, 영화 〈킹스 스피치The King's Speech
2010〉, 드라마 〈보스를 지켜라SBS, 2011〉 등이 모두 지나친 수줍음불안으로 심리적
어려움을 겪는 인물을 주인공으로 한 작품입니다.

이들은 모두 공통점이 있어요. 주인공이 사람들 앞에 나서는 것을 불안해하
고, 이 어려움을 해결하기 위해 믿음이 가는 사람과 관계를 맺는다는 점입니
다. 그런 다음 부정적 자기 이미지를 긍정적으로 바꾸고, 남에게 지나치게 좋
은 평가를 받고자 하는 비합리적인 생각을 합리적인 생각으로 바꿉니다. 그리
고 그런 생각을 직접 경험하기 위해 실제 상황에서 반복적으로 연습하지요.

상담 치료 과정도 이와 비슷하답니다. 그럼 이 부분에 관해 자세히 설명해 줄
게요.

지나친 수줍음을 편안하게 극복하기 위한 첫째 단계는, 나를 무조건 긍정적
으로 봐 주는 사람을 찾아 관계를 맺는 것입니다. 앞에서 지나친 수줍음의 원
인이 부정적 자아상 때문이라고 했지요? 자아상은 가까운 사람이 나에 대해 들
려주는 말에 의해 형성됩니다.226~229쪽 참고 따라서 나를 무조건 긍정적으로 보는
사람이 나를 믿고 지지하면 그 힘을 바탕으로 자아상의 변화를 시작할 수 있답
니다.

모세에게는 하나님이, 〈킹스 스피치〉의 주인공 조지 6세에게는 심리치료사
가, 〈보스를 지켜라〉의 차지헌 본부장에게는 노은설 비서가 바로 그런 사람입
니다. 건희 님은 친한 친구와 잘 지낸다고 했으니 그 친구들에게 도움을 받는
것이 어떨지요? 만약 그런 사람을 찾기 어려우면 모세처럼 자신이 믿는 신에
의지해도 좋고, 아니면 건희 님이 스스로 그런 사람이 되어 자신에게 힘을 줘도

됩니다. 그런 사람과의 믿음을 바탕으로 한 명, 두 명, 여러 명씩 편안함을 넓혀 가는 것이 지나친 수줍음을 편안한 마음으로 바꾸는 토대랍니다.

둘째 단계는, 자신의 비합리적 생각을 합리적 생각으로 바꾸는 것입니다. 건희 님은 사람들 앞에서 떨지 않고 멋지게 발표도 하고 싶다고 했지요? 그런 바람은 누구나 가질 수 있습니다. 그런데 건희 님이 유난히 잘 안 되는 것은 그 생각이 지나치게 강하기 때문이랍니다. 떠느라 말까지 더듬는 건희 님을 반 친구들이 바보로 생각할 것 같다고 했지요? 지금부터 그 말에 들어 있는 비합리적 생각들을 알려 줄게요.

먼저 '남에게 좋은 인상을 심어 주려면 완벽하게 말해야 한다'는 생각이 비합리적입니다. 이렇게 '~해야 한다'는 식의 생각을 '당위적 사고'라고 하는데, 이런 생각은 완벽함을 요구해 사람을 힘들게 하지요. 사람은 신이 아니라 실수할 수 있답니다. 물론 말을 잘하면 좋은 인상을 줄 수 있습니다. 하지만 어떤 사람들은 어눌하고 서툴게 말하는 사람을 좋아하고, 건희 님처럼 공부 잘하는 학생이 말을 더듬으면 오히려 인간미 있다며 호감을 갖기도 한답니다.

다음은 '조금이라도 말을 더듬으면 바보다'라는 생각도 비합리적입니다. 이런 식의 생각을 '흑백 논리'라고 하는데, '백점이 아니면 모두 빵점이다'는 식의 생각이지요. 백점과 빵점 사이에는 많은 점수가 있잖아요? 말을 더듬는다고 바보는 아닙니다. 말을 더듬어도 괜찮은 사람 많습니다.

끝으로 '말을 더듬으면 모두 나를 조롱하고 싫어할 것이다'는 생각도 비합리적입니다. 이런 생각을 '파국적 예상'이라고 하는데, 어떤 일에 대해 지나치게 나쁘게 생각해서 재앙이 일어날 것처럼 여기는 것을 말합니다. 말을 더듬는다고 조롱하고 싫어하는 사람도 있을 수 있겠지요. 하지만 모든 사람이 다 건희 님을 조롱하고 싫어하는 일은 불가능하답니다.

수줍음을 극복하는 셋째 단계는, 두려운 상황에 조금씩 반복해서 노출하는 것입니다. 이 단계가 가장 중요해요. 자신의 생각이 비합리적이라는 것은 알아도 실제 상황에서 떨림은 계속됩니다. 그렇기에 실제 상황에서 견뎌 내는 연습이 필요하지요. 물론 생각처럼 쉽지는 않습니다. 그 대신 해내기만 하면 가장 효과가 크지요. 그래서 몇 가지 요령을 소개합니다.

우선 처음부터 너무 두려운 상황에 도전하지 말고, 나를 무조건 긍정적으로 보는 사람과 함께 쉬운 것부터 도전하세요. 친한 친구 한 명 앞에서 말해 보고, 그다음엔 다섯 친구 앞에서 말해 보고, 그런 다음엔 모르는 사람이 많은 장소에서 말해 보는 식으로요.

혹시 말을 시작하려고 할 때, 앞이 캄캄해지면 그 사실을 먼저 말해 버리세요. 가령 "발표를 하려니까 많이 떨리네요"라거나 "긴장해서 그런지 앞이 안 보이네요"라는 식으로 말이에요. 불안은 숨기려고 할수록 더 커진답니다. 오히려 솔직히 말해 버리면 조금 편안해지지요.

그리고 남 앞에 섰을 때, 앞에서 알게 된 합리적 생각을 하도록 노력해 보세요. 숨을 쉴 때마다 '말을 더듬어도 괜찮다'거나 '다른 사람들도 대부분 떤다' 같은 생각들을 떠올리며 말해 보세요. 분명 조금은 도움이 될 겁니다.

이렇게 건희 님이 자신을 도울 방법들을 알려 주었는데요, 마지막으로 하나만 덧붙일게요.

건희 님 생각에는 완벽하던 사람이 실수하면 바보로 보일 것 같지요? 하지만 사람들은 실수한 사람을 보고 그 사람이 어떤지 판단하지 않고, 실수한 사람이 보이는 태도에 반응한답니다. 실수를 창피해하고 피하고 싶어 하면 상대방도 그를 위해 거리를 둡니다. 반대로 실수를 웃어넘기면 상대방도 같이 웃어넘기지요. 그래서 남 앞에서 연습하기보다 자신의 생각을 바꾸는 것이 먼저랍니다. 그런 다음에 연습하며 실수 경험을 몸에 익혀 보세요.

흔히 사람들은 실수하면 자신의 이미지가 무너져서 '1-1'이 된다고 생각하기 쉽습니다. 하지만 공든 탑은 그렇게 쉽게 무너지지 않는답니다. 건희 님처럼 괜찮은 사람이 실수하면 '1-1'이 아니라 '1+1'이 되어 완벽해 보이는 데다 친근하기까지 한 사람이 될 수 있어요. 이건 실수해 보지 않으면 알 수 없는 진실이지요. 지금 건희 님에게 필요한 건 실제 상황에 부딪치는 용기입니다.

친구를 믿을 수 없어 괴로워요

저는 중1 여학생입니다. 6학년 때부터 친한 절친이 있는데, 요즘 그 친구를 믿을 수 없어 괴로워요. 일주일 전부터 제 핸드폰에 발신자가 181818로 욕을 쓴 문자가 옵니다. 누군지 짐작되는 사람이 없는데도 혹시 그 친구와 관계가 있을까 봐 겁나요. 올해 초에 이와 비슷한 일이 제 절친에게 있었는데, 그 메시지의 발신자가 저로 찍혀 있었거든요. 우리를 이간질하려는 다른 애의 짓이었지요. 그때 절친과 제 사이가 잠시 멀어져 맘이 너무 아팠습니다. 지금은 오해를 풀고 다시 친하게 지내는데, 또 이런 일이 생긴 거예요. 이번에도 누군가가 우리를 이간질하려는 건지, 이러다 또다시 절친과 멀어지는 건 아닌지, 학교 가기가 두렵습니다.

그 메시지를 보낸 아이에게 화나기보다, 절친이 혹시 이 일과 관계있는 건 아닌지, 그렇다면 절친이 또 저를 멀리하지는 않을지, 절친을 믿을 수 없어서 더 괴롭습니다.

- 유정

친구 사이의 믿음은 있다고 믿는 사람한테만 있습니다

유정 님, 사람이 생존하기 위해 필요한 심리적 힘 중에 '기본적 신뢰'라는 것이 있답니다. 세상이 나를 보살펴 줄 것이고 사람들을 믿을 수 있다는 기본적인 믿음을 말하지요. 이런 믿음은 생후 일 년 안에 형성되어 평생 영향을 미친다고 합니다. 살면서 이 믿음이 흔들리면 세상이 두렵고 관계에서 절망을 느끼지요.

대개 사람들은 대인 관계에서 불신과 신뢰를 동시에 경험합니다. 보통은 신뢰가 더 크기 때문에 관계에 희망을 품지요. 그런데 반대의 경우라면 어떨까요? 도저히 타인을 믿기 힘든 상황이라면? 그럴 때 사람들은 희망의 반대 감정, 즉 절망을 느낍니다.

철학자 키에르 케고르도 '절망은 죽음에 이르는 병'이라고 했을 정도인데, 지금 유정 님은 가장 친한 절친을 믿을 수 없다니 얼마나 괴로울지 짐작됩니다. 유정 님, 지금 이 괴로움을 잘 치유하고 심리적으로 성장하려면 다음 세 가지를 기억하세요.

첫째, 괴롭힘에 단호하게 대처하세요. 발신자를 바꾸어 욕을 보내는 사람이 짐작되지 않는다고 했지요? 그 욕을 보낸 사람이 누구인지는 몰라도 이전에 나쁜 감정을 가졌던 사람이든, 전혀 상관없는 장난이든, 자신을 밝히지 않고 남에게 모욕감을 주는 것은 명백한 괴롭힘입니다. 만약 성인에게 일어난 일이라면 이것은 범죄로 처벌할 수 있는 일이에요.

이런 일은 단호히 대처해야 합니다. 유정 님이 다시는 괴롭힘을 당하지 않기 위해서도 그렇고, 그 메시지를 보낸 사람도 이런 행동은 잘못이라는 걸 알아야 다시는 그러지 않을 테니까요. 그러니 부모님이나 선생님 같은 어른과 상의해 보세요. 통신사에 알아보면 메시지 보낸 사람을 찾을 수 있습니다. 그리고 가해자에게 사과를 받고, 오해가 있었다면 정당한 방법으로 풀어 보세요.

둘째, 이번 일이 절친과 관계있을지도 모른다는 추측은 비합리적 사고임을 아는 거예요. 이런 비합리적인 생각을 '정서적 추론'이라 하는데, 이는 객관적 사실이 아니라 '자신의 감정'을 근거로 상황을 판단한 것입니다. 현재 유정 님의 괴로운 감정과 절친에 대한 불신이 연결되어 있기 때문에 생기는 것이지요.

설령 이번 일이 절친과 관계있다 하더라도 지금 상황에서는 알 수 없잖아요. 그런데도 유정 님이 이런 생각을 하는 것은 지난번 상처가 치유되지 않았기 때문입니다. 유정 님은 절친과 오해를 풀고 다시 친하게 지내고 있다고 했지만, 사실은 전에 받은 상처가 충분히 돌보아지지 않은 것 같아요. 그래서 아직 마음속에 불신의 응어리가 남아 있고요. 상처받은 마음을 충분히 돌본다는 것은 내 아픔을 이해할 수 있는 누군가와 이야기하거나 우는 등의 방법으로 충분히 표현해 부정적인 감정을 푸는 것을 말합니다.

지금이라도 마음의 상처를 돌보세요. 부모님, 친구, 선생님, 상담자 등 마음을 터놓고 이야기할 만한 사람을 만나 그 당시 얼마나 속상했는지 털어놓고 실컷 울거나 화를 내 보세요. 일기나 편지처럼 마음을 털어 놓는 글을 쓰거나 그림을 그려 보는 것도 좋아요. 마음속 부정적인 감정이 풀리면 혼자될까 봐 두려운 마음과 비합리적인 생각을 바로잡는 데 도움이 됩니다.

셋째, 대인 관계에서 사람의 마음은 서로 다르다는 것을 알아 두세요. 친하다는 믿음은 믿음이 있다고 믿는 사람에게만 있답니다. 말이 좀 어려운가요? 사랑을 예로 들어 볼게요. '사랑'이 존재하나요? 눈으로 볼 수 있나요? 만질 수 있나요? 사랑은 사랑이 있다고 믿는 사람에게만 있지요. 물론 사랑은 믿고 안 믿고와 무관하게 존재하지만요. 즉, 유정 님이 절친에게 갖는 믿음과 절친이 유정 님에 대해 갖는 믿음은 따로따로 있답니다.

그런데 내가 가진 믿음은 내가 바꿀 수 있지만, 절친이 나에 대해 가진 믿음은 알 수도 없고 바꿀 수도 없어요. 놀라운 건 내가 상대를 믿으면 상대도 나를 믿게 될 확률이 매우 높아진다는 사실입니다. 가령 절친에 대한 내 믿음은 흔들리고 있는데, 절친이 나를 진정으로 믿는다는 느낌을 주면 어떨까요? 흔들리던 나도 다시 믿음이 생길 것 같지 않나요? 이것이 바로 『시크릿』이라는 유명한 책에 나온 성공하는 인생의 비밀이랍니다. 내가 어떤 것을 온전히 믿으면 온 우주가 그것이 이루어지게 돕는다는 얘기지요.

유정 님, 진실을 알기 전까지는 무조건 절친을 믿도록 마음을 다스려 보세요. 믿음이란 그냥 믿는 수밖에 없답니다. 그러고 나면 만에 하나 이번 일이 절친과 관계있더라도, 이 일을 풀어낼 힘이 유정 님 안에 있는 것을 발견하게 될 것입니다. 유정 님 말처럼 전에도 비슷한 일이 있었지만, 해결했던 것처럼요.

지금 힘들어도 기운을 잃지 마세요. 유정 님을 괴롭히는 이 일은 어쩌면 유정 님을 심리적으로 성장시키고, 지난 상처까지 낫게 하려고 찾아온 기회인지도 모릅니다.

친구의 부탁을 거절해야 할지
결정을 못 하겠어요

저는 중3 여학생입니다. 2남 2녀 중 장녀이고 아버지는 의사, 어머니는 교사입니다. 아버지는 무뚝뚝하고 바쁘지만 엄마는 항상 우리 옆에서 도움을 주십니다. 엄마는 매사에 빈틈이 없고 판단이 정확해서 엄마 말만 들으면 다 해결됩니다.

문제는 제가 혼자 뭔가 결정해야 할 때입니다. 엄마와 있을 때는 걱정이 없는데, 친구들과 있을 때는 어떻게 해야 할지 모르겠습니다. 친구들이 제게 뭔가 부탁하면 정말 결정을 못 하겠어요. 속으론 '내가 부탁을 들어주니까 자꾸 부탁하는 거야. 진짜 친구를 위한다면 거절해야 해!'라는 생각이 드는데, 또 한편으로는 '진짜 친구를 위한다면 내가 힘들더라도 도와주어야 옳다'는 생각이 들어 이러지도 저러지도 못하고 마음만 불편합니다. 어떻게 해야 할까요?

- 지수

•• 내 마음이
원하는 것을 선택하세요

지수 님, 하고 싶은 행동을 하자니 비난받을 것 같고, 옳은 행동을 하자니 힘들어서 많이 괴롭지요?

현명한 엄마가 항상 함께하며 결정해 주면 좋겠지만, 지수 님은 이제 혼자 결정하는 연습을 할 때가 왔답니다. 게다가 지수 님이 심리적으로 성장하려면 앞으로 더 많은 새로운 일을 스스로 결정해야 하고요.

갈등의 순간마다 어떤 결정을 해야 좋을까요? 만일 어떤 일을 처리하는 문제라면 효율적인 결과를 위해 옳고 그른 것을 판단해 옳은 쪽으로 결정하면 됩니다. 하지만 대인 관계에는 옳고 그름을 따지기보다 내 마음이 편안하면서 관계도 좋게 유지할 수 있는 결정을 내리는 것이 중요하지요. 그런데 사람은 내 마음이 편하자고 관계가 나빠지는 결정을 하거나, 반대로 관계가 나빠지지 않게 하려고 내 마음이 불편한 결정을 하기가 쉽습니다. 이때 둘 사이의 균형을 찾는 것이 바로 합리적인 결정이랍니다.

합리적인 결정은 할 수 있고 해도 되는 것 중에서 내 마음이 원하는 현실적인 선택을 하는 것입니다.

지수 님이 갈등하고 있는 친구의 부탁 문제에 관해 생각해 볼까요? 친구가 뭔가 부탁했을 때, 마음속으로 '진짜 친구를 위한다면 거절해야 해!'라는 생각이 든다고 했지요? 부탁을 거절하는 것, 그것이 바로 지수 님이 원하는 결정일 것입니다. 다만 그렇게 하면 거절당한 친구와 관계가 나빠질까 봐, 또는 친구가 부탁할 때 도와주어야 옳은데 거절하면 내가 옳지 못할까 봐 걱정되어 괴로운 것입니다. 그러나 거절당한 친구가 이 일 때문에 멀어질지, 아니면 지수 님이 힘들어한다는 것을 깨닫고 지수 님을 더 이해하게 될지는 아무도 모릅니다.

다른 한편으로는 '친구를 위한다면 내가 힘들더라도 도와주어야 옳다'는 생각이 든다고 했지요? 이 또한 너무 경직된 생각입니다. 앞에서 말했듯 대인 관계에서 '~해야 옳다'는 생각은 '당위적 사고'라는 비합리적 사고입니다. '~해야 옳다'가 아니라, '~할 수도 있다', '~하면 좋다'가 합리적인 사고랍니다.

친구의 부탁을 들어주고 지수 님이 힘들어하는 경우를 생각해 보세요. 친구는 고마워하겠지만 힘들어하는 지수 님을 보면 마음이 편치 않을 겁니다. 그러면 자연히 거리감이 생길 텐데, 이는 지수 님이 원하는 결과가 아니지요?

그래서 할 수 있고 해도 되는 것 중에서 내 마음이 원하는 현실적인 선택(이 경우에는 거절)을 하라는 것입니다. 거절하는 순간에는 친구와의 관계가 불편하게 느껴질 수도 있어요. 하지만 친구는 지수 님을 이해하게 될 확률이 높아지고, 지수 님은 거절한 것이 미안해 다음에 더 잘해 주고 싶은 마음이 들 겁니다.

이처럼 현실적인 결정을 하는 힘을 심리학자 프로이트는 '자아'라고 했습니다. 프로이트는 사람의 마음을 '본능', '자아', '초자아'라는 세 가지로 나누어 설명했지요. '본능'은 선악의 판단과 관계없이 오직 즐거움만을 위해 하고 싶은 것을 선택하고, '자아'는 현실적으로 하고 싶으면서 할 수 있고 해도 되는 것을, '초자아'는 해야 하거나 하지 말아야 하는 것처럼 도덕적인 기준을 따른답니다. 지수 님의 고민에 이를 대입하면 본능은 '부탁을 들어주기 싫다'는 마음,

자아는 '진짜 친구를 위한다면 거절해야 해' 하는 마음, 초자아는 '친구를 위한다면 힘들더라도 도와줘야 해' 하는 마음입니다.

사람은 흔히 초자아의 목소리에 귀를 기울입니다. 그런데 초자아가 생각하는 것이 도덕적으로 바람직하기는 해도 현실에서 모두 실행하기는 어렵답니다. 그런데도 초자아의 결정을 거스르면 마음이 괴롭지요. 지수 님처럼요. 행복하게 살기 위해서는 초자아와 본능 사이에서 내 마음이 편하도록 균형을 잡아주는 힘, 즉 자아가 강해야 한답니다. 지수 님의 마음이 불편한 이유는 이 자아의 힘이 약하기 때문이에요.

한편, 초자아는 어머니가 들려준 옳은 말씀들이 내면화된 것이기도 합니다. 안타깝게도 어머니의 교육 방침이 지수 님을 지지하고 이해해 주시기보다 매사에 옳고 그름을 판단하는 쪽으로 작용한 것으로 보이는군요. 물론 지수 님이 바르게 자라기를 바라는 마음에서 그러셨을 것입니다. 하지만 그 결과 지수 님은 자신이 엄마보다 열등하다는 정체감을 갖게 되었고, 자신의 선택대로 삶을 살지 못하게 된 것 같습니다.

그동안 어머니가 해 주셨던 일을 이제는 지수 님이 자신에게 해 주세요. 자신이 하고 싶은 행동에 큰 문제가 없는 한 비판하지 말고, 이해하고 지지해 주세요. '그래, 이게 내 마음이야. 난 서로를 위해 좋은 결정을 한 거야!' 이렇게요.

마음이 괴로운데도 옳다고 생각하는 행동을 선택하는 것은 오히려 대인 관계에 도움이 되지 않는 경우가 많습니다. 내 마음이 편안한 행동을 하고자 할 때, 자신의 마음을 지지해 주세요. 그것이 결국엔 상대방도 편하게 한답니다. 이것이 자아의 힘입니다.

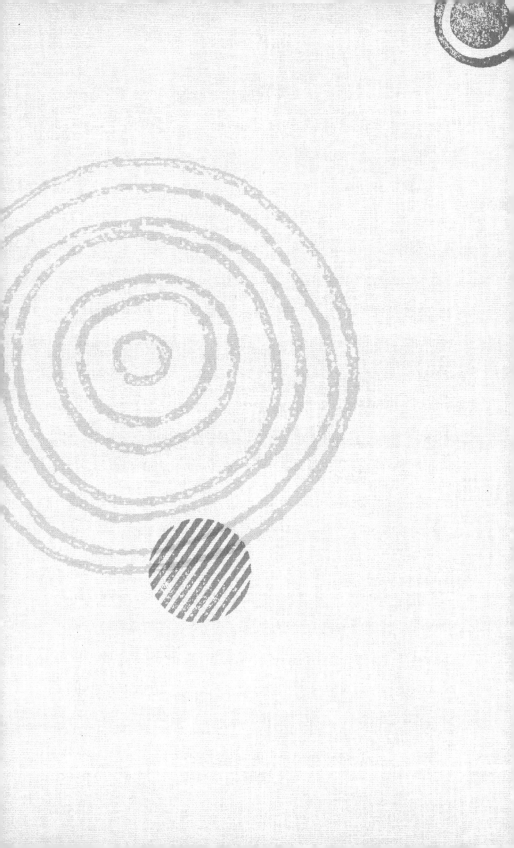

지금 꼭 공부
해야 하나?

아직 꿈이 없는데,
지금 꼭 공부해야 하나요?

저는 중2 여학생입니다. 아직 꿈을 찾지 못해서인지 공부하고 싶은 마

음이 생기지 않아요. 부모님은 제가 하고 싶은 걸 하라고 말씀하시지

만, 제가 뭘 하고 싶은지 잘 모르겠습니다. 또 뭔가를 하려고 하면 선

택한 것에 책임을 지라고 하시니 시작하기도 전에 겁부터 나고요.

주변에서는 이제 고입을 위해서라도 공부를 해야 한다고 합니다. 하지

만 공부를 잘해야만 성공하고 행복한 것도 아닌 것 같은데, 왜 꼭 공부

해야 하는지 모르겠습니다. 아직 꿈이 없는데, 지금 꼭 공부해야 하나

요? 그리고 어떻게 해야 꿈을 찾을 수 있나요?

– 하영

•• 가는 중에 **목표**를 알게 되고, 행하는 중에 **깨달**을 수도 있습니다

하영 님, 꿈을 찾지 못한 답답함과 미래에 대한 막연한 두려움을 느끼고 있군요. 그래도 하영 님은 삶에 대한 철학과 주관이 뚜렷해 보여요. 고입을 위해 공부하라는 말도 하영 님에게 동기를 주지 못하고, 공부를 잘해야 성공하고 행복한 것도 아닌 것 같다고 생각하니 말이에요. 하영 님은 외부의 보상이나 처벌로 쉽게 동기가 생기는 사람도, 공부해야 잘산다는 어설픈 논리로 설득되는 사람도 아닌 것 같습니다.

하영 님이 그런 면모를 갖게 된 심리적 이유가 뭘까 생각해 보았습니다. 어쩌면 성장 과정에서 외부적 상벌에 자주 노출되면서 내적 동기와 흥미를 찾을 여유가 부족했을 수 있습니다. 또 어른들의 불충분한 조언 탓에 혼란스러웠을 수도 있고요. 그런 의미에서 지금 하영 님의 고민은 부족했던 부분을 회복하고, 어른들의 조언을 자기 것으로 통합하여 심리적으로 성장하기 위한 무의식적 노력으로 보입니다.

하영 님은 답답한 마음에 상담을 요청했겠지만, 하영 님의 고민이 충분히 긍정적인 것으로 보아 스스로 좋은 답을 얻을 수 있을 것 같습니다. 그래도 하영 님의 성장에 도움이 될 만한 조언이 있으니 몇 가지 들어 볼래요?

옛말에 거거거중지 행행행리각 去去去中知 行行行裏覺이라는 명언이 있습니다. '아직 목표가 정확하지 않을 때는 가고 가는 중에 목표를 알게 되고, 행하고 행하는 중에 목표를 깨달을 수도 있다'는 뜻입니다. 하영 님 말대로 꿈이 있으면 공부가 하고 싶어지겠지요. 그런데 어릴 때부터 자신의 꿈을 분명하게 찾는 경우는 드물답니다. 오히려 어른이 되어서조차 자기가 뭘 좋아하는지, 무엇을 하고 싶은지, 심지어 뭘 잘하는지 모르는 경우가 많아요.

꿈을 찾으려면 다양한 경험을 쌓고 내면을 성찰해야 하는데, 우리나라의 중고생들은 그런 기회를 갖기가 현실적으로 어렵지요. 만약 하영 님의 현실도 그렇다면 일단 공부에 몰입하는 것도 나쁘지 않습니다. 혹시 아나요? 하영 님이 잘하고 좋아하는 것이 바로 공부일지? 그러니 공부 역시 여러 분야의 경험을 쌓는 것 중 하나라고 생각하고 도전해 보면 어떨까요? 해 보고 공부가 내 길이 아니라는 확신이 들면, 그때 다른 것을 시작해도 늦지 않으니까요.

둘째, 공부를 열심히 하다 보면 의외의 선물을 받게 된답니다. 저는 그 시기에 공부를 하면서 인생 사는 방법들을 배웠거든요. 어려운 문제에 시간을 투자해 해결하며 '어려운 것도 노력하면 해결할 수 있구나'를 배웠고, 노력해도 성적이 오르지 않았을 때 '인생에는 뜻대로 되지 않는 것도 있구나'를 배웠습니다. 또 포기하지 않고 성적을 올렸을 때 '내가 포기하지 않으면 언젠가는 되는구나' 하는 것을 배웠지요. 성적을 올리느라 친구들과 시간을 많이 보내지 못해 외로울 때는 '행복을 위해서는 목표를 이루는 것과 친구 관계 사이의 균형이 중요하구나' 하는 것도 배웠습니다. 갑자기 제 이야기를 꺼내 쑥스럽지만, 어떤가요? 이만하면 공부라는 거, 해 볼 만하지 않은가요?

최선을 다해 열심히 공부한다는 건, 그 결과를 떠나서, 인생에서 이루고 싶은 것에 최선을 다하는 것이 어떤 의미인지를 미리 경험할 수 있는 좋은 기회랍니다. 이미 자신의 길을 알았고 그 길을 가고 싶은 마음이 확고하다면, 공부 대신 그 길을 택해서 최선을 다하는 것도 좋아요. 하지만 그런 경우가 아니라 단지 지금 공부라는 시련에서 벗어나고 싶은 것이라면, 인생을 멀리 보고 이 시련을 이겨 내는 것이 더 도움이 됩니다.

셋째, 다양한 경험을 쌓고 자신의 내면을 성찰하세요. 심리학에서 말하는 행복한 삶 가운데 하나는 '잠재력의 실현'입니다. 내면의 목소리에 귀 기울여 찾은 꿈이 잠재력을 실현하는 꿈이며, 그 꿈대로 사는 것이 행복한 삶이라는 뜻입니다. 그런데 경험해 본 것이 있어야 잠재력을 알 수 있고, 그에 대한 자신의 생각이나 느낌도 들겠지요.

청소년기는 실수하며 배우는 시기랍니다. 선택에 책임을 지라는 말은 잠시 덮어 두세요. 지금은 선택한 것을 열심히 하는 것이 더 중요합니다. 만약 무언가에 도전하고 실행하는 것이 현실적으로 어렵다면 책이나 관련 자료 등을 통해 간접 경험을 쌓는 것도 대안입니다.

그렇게 경험이 쌓이면 홀로 내면의 목소리와 만나는 시간을 가져 보세요. 조용한 곳에서 몸과 마음을 편안하게 한 상태에서 자신의 내면을 향해 질문을 던지는 겁니다. '나는 뭘 할 때 가장 신 나지?', '나는 뭘 할 때 시간 가는 줄 모르지?', '나는 뭘 할 때 에너지가 생기지?' 이런 질문을 자주 하고 내면의 목소리에 귀를 기울이다 보면, 언젠가 이루고 싶은 꿈이 떠오를 거예요.

여기까지가 저의 조언입니다. 하영 님은 지금 자신의 길을 잘 찾고 있고, 인생에 꼭 필요한 고민을 하고 있습니다. 그 고민에 충분히 머무르며 좋은 답을 얻길 바랍니다. 정답은 하영 님 안에 있으니까요.

중학교 첫 중간고사를 본 뒤로
아빠가 무서워졌어요

저는 중1 남학생입니다. 우리 아빠는 본래 자상하고 좋은 분이셨습니다. 초딩 시절엔 제게 관심도 많았고 항상 제 편이 되어 주셨어요. 시험을 좀 못 봐도 공부가 전부가 아니라며 위로해 주셨고요.

그런데 중학교에 와서 첫 중간고사를 잘 못 본 뒤로 아빠의 태도가 완전 차갑게 바뀌었습니다. 예전엔 제가 뭘 사달라고 하면 무조건 들어주셨는데, 요즘은 무서운 얼굴로 성적을 올리라는 조건을 꼭 붙입니다. 아빠의 그런 태도도 속상하지만, 성적을 못 올리면 아빠가 저를 싫어할 것만 같습니다. 선생님이나 친구들도 제가 공부를 못하니까 무시하는 것 같은데, 아빠까지 그러니 정말 속상합니다.

- 민호

•• 성적 비교의 대상을
나 자신으로 바꿔 보세요

민호 님, 공부를 잘해야 사랑받을 수 있다는 느낌을 받으셨나 보군요. 많이 속상했겠어요. 원래 자식은 부모님께 무조건 사랑받고 싶어 하지요. 물론 부모님의 사랑에는 조건이 없답니다.

사람들은 때로 어떤 조건을 이루어야만 부모님께 사랑받을 수 있다고 생각하기도 합니다. 그럴 때 조건을 이루지 못하면 거부당하거나 버림받을 것 같은 느낌이 들어 마음에 큰 상처를 받지요. 이런 현상을 심리학자 칼 로저스는 '가치의 조건화'라고 했습니다. 그리고 사람들의 모든 정신적 문제가 여기서 시작된다고 했답니다. 지금 민호 님이 느끼는 두려움도 이와 같아요.

민호 님, 아빠가 자상하고 엄하고를 떠나 학교나 사회는 '가치를 이루었는가'라는 조건에 따라 보상을 달리하는 곳이랍니다. 특히 중학교부터는 본격적으로 성적을 통해 상대적 서열을 알려주기 시작하잖아요. 그 속에서 내가 다른 사람보다 뭔가를 못한다는 평가를 받는 것은 좋은 느낌이기 어렵습니다. 민호 님 말처럼 무시당한다는 느낌을 받을 수도 있고요.

그렇다면 심리적 건강을 위해서 상대 평가를 하지 말아야 할까요? 그것도 하나의 방법일 수 있지만, 그보다는 피할 수 없는 현실을 나의 심리적 성장의 기회로 삼는 것이 더 낫답니다. 심리적으로 성장한다는 건 어려움을 없애는 것이 아니라, 그 어려움이 보편적임을 받아들이고 그 속에서 나의 강점을 찾아가는 것입니다. 즉, 주변 사람들이 성적과 관계없이 나를 사랑하기를 바라는 것이 아니라, 세상에는 평가가 존재한다는 사실을 받아들이고, 그런 세상을 내가 어떻게 헤쳐나갈지 생각하며 능력을 갖추어 가는 것이 바로 성장이지요.

지금부터 민호 님이 심리적으로 성장하고, 아빠와의 관계에서도 마음에 상처를 입지 않는 방법을 알려 줄게요.

첫째, 성적에 관한 아빠의 반응에 무덤덤해지세요. 모든 부모님은 자식을 '그냥' 사랑한답니다. 아무 조건 없이 사랑하지요. 지금 민호 님이 속상하고 두려운 건 성적에 대한 아빠의 기대와 염려가 조건적 사랑으로 전달되었기 때문입니다. 그래서 아빠의 조건 없는 사랑을 잃어버린 듯 느껴져 겁이 나는 것이지요. 아빠에게 민호 님의 속상한 마음을 전해 보세요. 그 마음이 잘 전달된다면 아빠가 이성적인 가르침을 주시되, 민호 님의 마음을 이해해 예전처럼 시험과 상관없이 사랑하는 태도를 보여 주실지도 모릅니다.

그런데 어쩌면 아빠도 어렸을 때 지금 민호 님이 느끼는 것과 비슷한 상처를 받았을 수도 있답니다. 만약 지금 아빠의 태도가 어린 시절 받았던 상처 때문이라면 민호 님이 바라는 변화를 보여 주시기 어려울 수도 있어요. 그럴 때는 민호 님이 스스로 성적과 관련한 아빠의 반응에 마음 쓰지 않도록 노력해 보세요. 두려운 마음이 들 때는 그냥 '나를 염려해서 그러시는 거'라고 자신에게 말하고, 성적에 관해서만큼은 아빠와 정신적으로 거리를 두도록 노력하세요. 정신적 거리를 두는 방법은 5장^{176~178쪽 참고}에서 자세히 소개할게요.

둘째, 자신의 공부량과 공부 방법을 반성해 보세요. 세상에 공짜는 없답니다. 그중에서도 공부는 아주 정직하게 결과를 주지요. 민호 님이 성적 때문에 무시당하는 기분이 드는 건, 공부를 잘하고 싶은 욕구가 있다는 뜻입니다. 공부를 잘하고 싶다면 노력을 해야 합니다. 공부량이 부족하면 늘리고, 방법이 적절하지 않으면 새로운 방법을 찾아야 해요. 공부에는 노력과 끈기와 의지가 필요하니까요. 세상은 공부 잘하는 사람을 성적만으로 칭찬하는 것이 아닙니다. 의지를 갖고 인내하고 노력하는 삶의 태도를 인정하는 것이랍니다.

셋째, 성적 비교의 대상을 남에서 나 자신으로 바꾸세요. 중학교에 와서 성적이 충격적으로 다가오는 이유는 석차 때문입니다. 과목별 석차든 전체 석차든, 이 시기부터는 성적에 관한 나의 서열을 짐작할 수 있게 되지요. 이때 '남보다 내가 못하다'는 생각이 들 수 있는데, 그런 생각은 무시당한다는 느낌이나 수치심, 열등감 등을 낳을 수 있습니다. 이런 감정은 심리적인 문제를 일으킬 수 있고, 남과의 비교는 심리적 성장에 바람직하지 않답니다.

이번 시험에 70점을 받았다면 다음은 75점을 목표로 공부하세요. 이전의 나와 비교해 얼마나 향상되었는지, 그래서 목표에 얼마나 다가갔는지 점검하는 것이 더 바람직합니다. 이전보다 나아지는 것을 목표로 삼으면 열등감, 수치심 같은 부정적 감정으로부터 자유로워지니 심리적 에너지가 늘어나 공부할 힘이 많아진답니다. 그 힘으로 성적이 향상되면 그 성취감이 또 에너지가 되어 공부할 힘이 점점 더 많아질 것입니다.

공부는 아빠나 엄마를 위해서가 아니라 나 자신을 위해서 하는 거랍니다. 민호 님 마음속에 공부를 잘하고자 하는 욕구가 있으니 열심히 해 보세요.

두려움은 두려움일 뿐입니다. 지금은 잠시 속상하겠지만 아빠의 조건 없는 사랑을 믿고, 자신이 성장하는 데 시간을 투자하기 바랍니다.

아무리 공부해도 성적이 안 올라요

저는 중3 여학생입니다. 오늘 기말고사 성적표를 받았는데 너무 속상해요. 중간고사 이후에 잠도 다섯 시간으로 줄이고, 학원도 세 개나 다니며 열심히 공부했는데, 성적이 오르지 않았거든요. 다른 친구들을 보면 저만큼 열심히 안 해도 저보다 좋은 성적을 받는 애들도 있는데……. 정말 속상하고 슬픕니다. 왜 노력해도 안 되는 걸까요? 저한테 문제가 있는 걸까요? 도와주세요.

- 예림

노력의 결과는 바로 나올 수도, 시간이 더 지나서 나올 수도 있습니다

예림 님, 그렇게 노력했는데도 결과가 좋지 않았다니 많이 실망했겠습니다. 정말 속상하겠어요. 게다가 원인조차 잘 모르니 많이 답답하지요?

학업 성적이 오르지 않는 까닭은 너무도 다양해서 예림 님의 글만으로는 정확히 가늠하기가 어렵습니다. 일반적으로 살펴볼 수 있는 몇 가지 원인을 알려 줄 테니 예림 님이 스스로 점검해 보고 도움받길 바랍니다.

첫째, 혹시 '시험 불안'이 심하게 높지 않은가요? 적당히 높은 시험 불안은 시험공부를 열심히 하게 하는 원동력이 되지만, 시험 불안이 아예 없는 학생들은 공부를 하지 않지요. 반대로 시험 불안이 지나치게 높으면 노력한 만큼의 성과를 얻지 못하는 경우가 있답니다. 시험 불안은 시험을 잘 봐야 한다는 생각이 본인의 마음을 과도하게 지배하기 때문에 생기는 현상이에요. 불안한 마음을 이기려면 이런 생각을 잘 조절해야 한답니다. 시험 불안은 1장에서 소개한 지나친 수줍음으로 인한 발표 불안^{42~44쪽 참고}과 일맥상통하는 점이 있습니다. 만약 예림 님에게 그런 점이 있는 것 같으면, 앞의 글을 참고해 주세요.

둘째, 예림 님의 공부 방법이 적절한지 살펴보세요. 학업 성적은 공부 시간, 공부 방법, 공부에 대한 태도 및 열정의 전체적 결과물입니다. 예림 님처럼 잠을 줄이고 오랜 시간 공부했는데도 결과가 좋지 않은 학생들을 보면 오랫동안 책상 앞에 앉아 있지만 효율적으로 공부하지 못해서 그런 경우가 많아요. 예림 님이 여기에 해당하는지는 스스로 체크해 보아야 알겠지요. 공부에는 집중력이 중요하고, 예습보다는 복습, 기왕이면 학습 후 빠른 복습이 중요합니다. 또 중요한 부분을 중심으로 여러 권의 책을 공부하기보다는 한 권을 집중적으로 공부하는 것이 효율적입니다.

그런데 오랜 시간 책상 앞에 앉아 있어도 성적이 오르지 않는 학생들의 학습 방법은 이런 효율성과는 거리가 좀 멉니다. 오히려 낙서하거나 공상에 빠지거나, 친구와 문자를 주고받고 통화하느라 산만한 상태로 앉아 있는 경우가 더 많지요. 그러고는 책상 앞에서 보낸 그 모든 시간을 공부했다고 여긴답니다. 만약 이런 면이 예림 님에게 있다면 공부 시간과 공부 방법에 대해 점검해 봐야 합니다.

공부 방법에 관해 또 하나 점검할 것은 학원 문제입니다. 학원에 다니며 학교 공부의 부족한 부분을 보충하는 것은 좋은 방법입니다. 그러나 학원에 다니느라 몸이 지쳐 학원 공부는 물론이고 학교 수업을 스스로 복습할 시간조차 부족하다면요? 혹시라도 학원에서 집중해 배운 내용이 학교 시험에 출제될 것이라고 안심해 학교 수업을 소홀히 한다면요? 학원 다니는 것이 득보다 실이 되기 쉽습니다. 만약 예림 님의 상황이 위와 같다면 학원을 그만두고 혼자 공부하는 시간을 늘리세요. 공부는 배운 것을 스스로 익혀 자기 것으로 만드는 과정이 더 중요하니까요.

그런데 이상의 점검 결과가 모두 괜찮은데도 성적이 오르지 않았을 수도 있습니다. 그렇다면 시간이 좀 더 지나야 성적 향상이 눈에 보이는 경우일 수 있어요. 이럴 때는 적정 공부 시간과 효율적 공부 방법을 유지하면서 기다리세요. 아기가 '엄마'라는 말을 하기 위해서는 3만 번의 연습이 필요하답니다. 뭔가를 공부한 결과는 바로 나올 수도 있지만 때론 시간이 지나야 나올 수도 있답니다. 아기가 2만 번 연습한 동안은 아무도 아기가 '엄마'라는 말을 연습하고 있는지 모르는 것처럼 말이에요.

셋째, 가족이나 대인 관계에 무의식적 갈등이 있는지 살펴보세요. 표면적이든 무의식적이든 갈등이 있으면 많은 심리적 에너지가 그 갈등에 묶입니다. 그래서 공부할 에너지가 부족해 학업 성적이 떨어지기 쉽습니다. 혹시 그렇다면 상담의 도움을 받거나 가족 간 대화를 늘려 보세요.

넷째, 예림 님이 학교 공부보다 다른 분야에 더 관심이 있는 건 아닌지 생각해 보세요. 중학생이라면 대체로 성적을 올려 꿈을 이루기 위한 좋은 조건을 얻는 것에 관심이 있을 것입니다. 그러나 자신의 꿈이나 적성이 학교 공부가 아닌 다른 공부와 관계있을 수도 있답니다. 가령 춤을 추고 싶다거나, 일찍 사업가가 되고 싶다거나, 그런 것들 말이에요. 예림 님의 내면에 그런 욕구가 있다면 학교 공부에 집중하기가 어려울 것이고, 오랜 시간 공부해도 성적이 잘 오르지 않을 수 있습니다. 정말 다른 길에 관심과 재능이 있고, 그 길을 가고 싶은 확고한 의지가 있다면 그 길을 가는 것도 방법이지요.

호피 인디언들이 기우제를 지내면 반드시 비가 내린다고 합니다. 그들의 기우제에 어떤 특별하고 영험한 힘이 있기 때문이 아니라, 사막에 비가 내릴 때까지 계속해서 기우제를 지내기 때문이래요. 예림 님이 포기하지 않고 계속 노력하면 예림 님의 사막에도 반드시 단비가 오리라 믿습니다.

왜 이리 끈기가 없고 싫증을 잘 낼까요?

중2 여학생입니다. 저는 결심하는 일마다 작심삼일이라 고민입니다.

요즘은 방송댄스 학원에 등록해 놓고 두 주 정도 다니다 흐지부지해서

엄마랑 갈등 중입니다. 처음엔 살도 빼고 운동도 할 겸 엄마에게 석 달

을 등록해 달라고 했는데, 하다 보니 생각보다 재미도 없고 힘도 들어

서 안 갔습니다. 엄마는 뭔가 시작했으면 꾸준히 해 보라고 하는데, 잘

안 돼요.

얼마 전엔 음악을 전공해 보려고 성악 교습도 시작했는데 발성만 반복

하다가 두 달 만에 그만두었고, 영어 성적을 올리려고 원어민 영어도

했다가 너무 지루해서 그만뒀습니다. 내가 시켜 달라 하고 안 한 것이

엄마에게 미안해서, 원어민 영어 대신 학교 다녀와서 한 시간씩 영어

공부를 하겠다고 결심했는데, 그것도 또 작심삼일이었습니다.

뭔가를 꾸준히 하는 게 중요하다는 건 아는데, 잘 안 돼요. 저는 왜 이

렇죠? 이래서 나중에 뭐가 될지, 에효……

— 채연

•• 습관의 변화는
결심이 아닌 연습에서 온답니다

채연 님, 하고자 하는 일마다 작심삼일이라니, 마음처럼 해내지 못해 괴로운가 보군요. 또 이런 일들이 반복되다 보니 매사에 끈기가 없고 싫증을 잘 내는 사람이라는 생각이 들어 자책하고 있는 것 같습니다.

그런데 채연 님, 청소년기의 작심삼일은 당연하답니다. 청소년기의 두뇌는 빠른 속도로 성장하고 있거든요. 성인 초기가 될 때까지 그렇지요. 그 시기의 뇌는 계속 새로운 자극을 원하기 때문에 새로운 것을 경험해 보고 싶은 욕구가 자꾸 생긴답니다. 그러니 한 가지 일을 얼마 지속하지 못하고 싫증 내는 것은 어쩌면 당연한 일인지도 모릅니다.

또 채연 님은 자신이 끈기가 없다고 하는데, 거기엔 그럴 만한 이유가 있어 보이네요. 채연 님이 하고자 하는 일들은 누구를 만나거나 뭘 사거나 하는 것처럼 한 번으로 끝나는 일이 아니거든요. 모두 꾸준히 이어 가서 행동 습관을 바꾸는 일입니다.

심리학자들의 연구에 의하면 뇌가 새로운 습관을 학습하려면 적어도 한 달이상 그 행동을 지속해야 한다고 합니다. 그러니 혼자서 결심만으로 하루아침에 습관을 만들어 내는 것은 어려운 게 당연합니다. 물론 하루아침에 습관을 바꾸는 사람도 있지만, 그런 사람은 흔치 않지요. 습관은 많은 실패를 겪은 뒤에 찾아오는 끊임없는 연습과 노력의 결과니까요.

채연 님, 자신이 매사에 끈기가 없고 싫증을 잘 낸다는 자책은 거두세요. 채연 님은 그럴 수 있는 시기에 있고, 사람에게는 누구나 그런 행동을 하는 면이 있답니다. 자신에 대해 실망하지 마세요. 그럴 수도 있으니까요.

다만, 지금의 이런 특성이 습관이 되어 성인기에도 자신감을 잃는다면 그때는 정말 인생의 어려움이 될 수 있습니다. 따라서 채연 님이 성장 중이어서 일어나는 일에 대한 자책은 그만하고, 자신감을 회복하는 것이 중요합니다. 지금부터 꼭 해내고 싶은 것을 연습을 통해 조금씩 성취하기 바랍니다. 채연 님이 결심한 일을 성취해내는 데 도움이 될 만한 조언을 몇 가지 해 줄게요.

첫째, 쉽고 구체적인 목표에 도전하세요. 채연 님의 도전을 살펴보니 살을 빼고 운동을 하겠다는 목적으로 방송댄스 학원 석 달 치 등록부터 시작했군요. 열심히 하려는 의욕은 좋지만, 채연 님의 상황에서는 좀 무리한 목표가 아니었나 싶어요. 학생이 매일 일정한 시간을 내서 갑자기 학원에 다니는 것만 해도 보통 일이 아닙니다. 게다가 댄스를 처음 시작하면 온갖 근육통에 시달릴 수 있지요. 댄스 학원에 다니는 데에는 한꺼번에 시간과 체력 등 많은 부분을 변화시켜야 하는 부담이 있었을 겁니다.

많은 부담이 한꺼번에 오면 힘이 들어 금방 포기하기 쉽습니다. 이럴 때 심리학자들은 쉽고 구체적인 목표를 세우고 점차 목표치를 늘리라고 조언한답니다. 예컨대 살을 빼고 운동을 하겠다면 '한 달에 1킬로그램 감량, 하루 30분 걷기' 이런 목표를 세우고, '하교 후 집에서, 하루 10분, 텔레비전 보면서 제자리 걷기 일주일' 이런 식의 간단한 계획을 실천하는 것이지요.

이렇게 구체적이고 쉬운 목표와 계획을 세우면 성공하기 쉽고, 거기서 얻은 성취감이 다음 행동의 원동력이 된답니다. 첫 번째 실천으로 새로운 행동이 어느 정도 몸에 익숙해지면 몸이 다음 행동을 하기가 수월해지고요. 그런 식으로 일주일 후엔 20분으로, 또 일주일 후엔 30분으로 늘리다가 몸이 숙달되면 밖으로 나가서 활동을 시작하는 식으로 계획을 세우면 원하는 바를 달성할 수 있을 겁니다.

둘째, 포기하지 말고 계속하세요. 앞에서도 얘기했듯 청소년기의 작심삼일은 당연한 일입니다. 중요한 것은 중간에 좀 싫증이 나더라도, 며칠 실천하지 못했더라도, 꼭 해내고 싶은 일이라면 언제든 다시 시작하는 태도입니다. 해봤는데 싫증이 나고 꼭 해내고 싶은 일이 아니었다는 생각이 들면 그만두는 것도 괜찮아요. 새로운 것을 시도하고 탐색하는 것만으로도 충분히 의미가 있으니까요. 작심삼일을 열 번 하면 한 달이 될 것이고, 한 달 동안 같은 일을 계속하면 습관이 된답니다. 작심삼일을 괴로워하지 마세요. 진짜 괴로워해야 할 것은 포기하는 자신입니다.

셋째, 일주일에 하루나 이틀 정도 '쉬는 날'을 정하세요. 운동이든 공부든 매일 하는 계획은 지치기 쉽습니다. 주말엔 반드시 쉬거나, 주중의 어떤 날을 골라 '목표에서 자유로운 날'을 정하면 좀 더 오래 실천할 수 있어요. 계획이 잘 진행되고 있으면 쉬는 날은 그냥 마음껏 놀면 되고, 미흡한 부분이 있으면 그날 보충하면 되니까 계획한 바를 지키지 못한 것 때문에 자책하거나 포기하는 일이 줄어들 겁니다.

넷째, 여유를 갖고 쉬세요. 이 방법은 앞의 방법들을 실천해 보아도 작심삼일이 계속될 때 실행하면 좋아요. 어쩌면 채연 님은 부모님이 주는 스트레스나 자신이 스스로 뭔가를 해내야 한다는 압박 때문에 심리적으로 힘든 상태일 수도 있습니다. 그런 상태라면 당연히 에너지가 부족하겠지요. 이 때문에 새로운 일을 시작만 하고 지속하지 못하는 것일 수도 있습니다. 계속 자신의 의지대로 뭔가를 하기가 어렵다면 마음의 여유를 갖고 좀 놀거나 쉬는 것도 하나의 방법이랍니다.

빨리 뭔가를 해내야 한다는 압박감이 들 때는 쉰다는 것 자체가 불안하게 느껴질 수 있어요. 하지만 한 발짝만 물러나 여유를 갖고 생각하면, 그 압박 때문에 더 힘이 들어 하고 싶은 일을 할 에너지가 부족했음을 알 수 있답니다. 바쁠수록 돌아가라는 말은 이럴 때 딱 맞지요.

작심삼일 때문에 고민하는 채연 님, 오늘 바로 몸으로 할 수 있는 쉽고 구체적인 계획부터 실천하세요. 결심하고 습관을 바꾸기는 어렵지만, 오늘 몸으로 뭔가 작은 일을 해내기는 좀 쉬울 겁니다. 변화는 결심에서 오는 것이 아니라 연습에서 오는 것이랍니다. 작심삼일도 괜찮아요. 포기하지 않고 계속 시도하면 언젠가는 하고자 하는 것을 이룰 수 있을 거예요.

20점과 90점의 차이

한 초등학교 1학년 학생의 받아쓰기 시험 답안지입니다.

이 학생은 몇 점일까요?

1. 햇볏이 따스한 오후. ×
2. 모래성을 싸으면 재미있잔아. ×
3. 괴종시계와 뻐꾸기 시계. ×
4. 돌이가 발을 동동 구릅니다. ○
5. 소리를 뽑내었습니다. ×

    ○×○ ○○○ ○○
1. 햇볏이 따스한 오후.
    ○○○○ ×○○ ○○○×○
2. 모래성을 싸으면 재미있잔아.
    ×○○○○ ○○○ ○○
3. 괴종시계와 뻐꾸기 시계.
    ○○○ ○○ ○○ ○○○○
4. 돌이가 발을 동동 구릅니다.
    ○○○ ×○○○○○
5. 소리를 뽑내었습니다.

> 학교에서는 당연히 20점이겠지요. 하지만 맞은 글자 수를 세어 보면 50개
> 중 45개, 90점입니다. 현재 학교 성적이 20점인 이유는 어쩌면 측정 방법
> 의 차이일지도 모릅니다.

*『1분이면 마음이 열립니다』(한국 청소년 상담원, 작은씨앗)에서 인용.

실패를 견딜 수가 없습니다

중3 여학생입니다. 저는 외교관이 되고 싶어서 일찍부터 ○○외고 입시 준비를 했습니다. 초등학교 때부터 영어 과외를 했고, 엄마를 졸라 호주에 어학연수도 다녀왔습니다. 제가 워낙 그 학교에 가고 싶어 해서인지 엄마는 ○○외고가 있는 동네에 집까지 사 놓았답니다. 중학교 3년 내내 놀고 싶은 것을 꾹꾹 참아가며 공부만 했는데, 지난주에 ○○외고에 떨어졌습니다.

이만큼 하면 어느 정도 했다 싶은데, 정말 너무 속이 상해요. 노력하면 이뤄진다더니 책이나 선생님들 말씀이 다 거짓말인 것 같습니다. 너무 화가 나고 미칠 것 같아요. 저는 겨우 이 정도였던 걸까요? 친구들도 선생님도 가족도 모두 제가 합격할 거라 믿고 있었는데, 창피해서 얼굴을 들고 다닐 수가 없습니다. 무엇보다 저 자신이 너무 한심해서 못 견디겠습니다. 제가 앞으로 뭘 할 수 있을까요? 다시 도전한다 해도 해낼 수 있을까요?

- 지혜

•• 아파하는 시간을 충분히 겪고 견뎌 내면 다시 도전할 힘이 생깁니다

지혜 님, 오랜 노력만큼이나 아팠을 실패의 고통이 제게도 전해져 옵니다. 분노, 자괴감, 좌절감, 무력감, 두려움……. 이 모든 감정에 압도되어 견디기 힘들겠군요. 많이 아파 보여 제 마음도 안타깝습니다. 무슨 말로 지혜 님의 마음을 위로해야 할지요.

지금 상황에서 제가 드릴 수 있는 조언은 충분히 아파하고 좌절의 고통을 겪어 내라는 것입니다. 이 고통은 실패와 좌절에 대한 정상적인 회복 과정의 하나랍니다. 사람은 살면서 실패를 겪습니다. 그 실패를 어떻게 겪고, 어떻게 견뎌 내는가에 따라 실패가 성공의 어머니가 되기도 하고, 열등감을 불러오는 상처가 되기도 하지요.

사람들은 대체로 이런 실패나 좌절을 경험할 때, 고통을 회피하며 벗어나려 하거나, 고통을 마음 깊은 곳에 꾹 누르고 없는 척하거나^{방어기제 중 억압}, 다른 새로운 일에 몰두하면서 잊으려 하기^{방어기제 중 반동형성} 쉽습니다. 그러나 그런 방법들은 일시적 방편일 뿐입니다. 지혜 님의 상처를 치유하고 열정을 회복하려면 실패를 충분히 겪고, 견뎌 내는 과정이 필요하답니다.

지혜 님이 이 고통을 성숙하게 극복할 수 있도록 심리학에서 추천하는 회복의 과정을 소개할게요.

첫 번째 단계는, 시간을 두고 충분히 아파하고 분노하기입니다. 섣불리 감정을 수습하려 들면 분노와 좌절감 등이 무의식 깊은 곳으로 억압되어 열등감으로 남습니다. 그러면 나중에 자신을 괴롭히는 상처가 될 수 있답니다. 여유를 갖고 그 감정들을 느끼세요.

감정을 느끼고 충분히 아파하라는 말은 이불 속에 들어가 누워 있으라는 말이 아닙니다. 분노, 좌절감, 자괴감 같은 감정이 올라올 때, 그런 감정들을 자연스럽게 여기고 받아들이라는 뜻이지요. 울고 싶을 땐 울고, 화내고 싶을 땐 화내며(단, 남에게 피해를 주지 않는 방법으로), 쉬고 싶을 땐 쉬고, 위로받고 싶을 땐 위로를 청하세요(부모님, 친구, 상담가 또는 초콜릿 같은 달콤한 것 등). 그러다 보면 지혜 님에게 기대를 걸었던 사람들이나, 지혜 님에게 조언을 준 책의 저자들에게 화가 날 수도 있습니다. 또 지혜 님 자신에게 분노하며 자책할 수도 있습니다. 이런 모든 감정을 모른 척하지 말고 인지하고, 느끼고, 표현하세요.

아픈 감정을 겪어 내다 보면, 일시적으로 사람들을 만나기 힘들어지거나 이불 속에 누워만 있고 싶어지는 등 감정적으로 무척 힘들어질 수도 있습니다. 이런 현상을 심리학에서는 '퇴행'이라고 하는데, 지혜 님처럼 실패와 좌절을 겪은 사람이 경험할 수 있는 정상적인 과정이니 크게 염려하지 않아도 됩니다. 마치 걷다가 미끄러져서 다리가 부러지면 한동안 누워 있어야 회복되는 것처럼 마음의 상처도 그런 것이니 자연스럽게 생각하세요. 혹시 감정적으로 힘들어지면 이런 현상이 오래되는 것이 아닐까 두려울 수도 있지만 바닥은 생각보다 깊지 않답니다. 사람의 감정은 막을 때 상처가 되는 것이지, 바닥을 치면 다시 올라오게 되어 있습니다.

다음 단계는, 우울감 견뎌 내기입니다. 첫 번째 단계를 잘 겪고 나면 이어서 우울감이 찾아옵니다. 이 시기에는 실패로 말미암은 좌절감과 새로운 도전을 하고 싶은 희망이 교차한답니다. 하지만 그 힘이 팽팽해서 쉽사리 기분이 좋아지지 않아요. 또 이 시기에 종종 슬럼프가 오기도 합니다. 지혜 님, 울적한 기분이 들거나 슬럼프가 오는 느낌이 든다면 반가워하세요. 그것은 지혜 님의 상처가 회복되고 있다는 뜻이니까요.

다만, 이 시기에 우울감이 지나치게 오래가고, 슬럼프도 길어지는 느낌이 든다면 걷기나 산책 같은 간단한 운동을 병행하길 권합니다. 운동은 이 기간을 단축하는 데 도움을 주거든요.

마지막 단계는, 실패를 수용하고 자신감 되찾기입니다. 실패를 수용한다는 것은 실패를 하나의 사건으로 받아들일 뿐, 그로 인해 지혜 님의 가치나 능력이 변하지는 않음을 깨닫는 것입니다. 감정은 억지로 막지 않으면, 시간과 함께 흘러가게 되어 있습니다. 그렇게 힘든 감정들이 흘러가고 나면 진실이 보이기 시작하지요.

조금 구겨져도 만 원짜리는 만 원의 가치가 있습니다. 한 번 실패해도 지혜 님의 능력이나 가치는 변함이 없습니다. 앞에 제시한 단계들을 따라 지금의 아픔과 분노를 충분히 겪어 내고 나면 이 말이 이해될 겁니다. 그러면 그때 비로소 '비 온 뒤 땅이 굳어진다'는 말이 무슨 뜻인지 마음으로 알게 될 거고요. 마찬가지로 '실패가 별것 아니구나! 툭툭 털고 일어나면 그만이구나!' 하는 자신감도 생길 것입니다.

옛말에 '젊어 고생은 사서도 한다'는 표현이 있는데, 젊어서 실패와 좌절은 그 과정을 어떻게 보내는가에 따라 자신감으로 승화할 수 있다는 것을 옛 어른들은 이미 알고 계셨나 봅니다.

로마의 철학자 키케로는 '삶이 있는 한 희망은 있다'고 말했습니다. 어떤 실패도, 어떤 좌절도, 어떤 고통도 내가 포기하지 않는 한 나를 넘어뜨릴 수 없습니다. 살아 있는 한 희망은 언제나 나에게 있습니다. 나는 나에게 희망을 선택하도록 할 수 있답니다.

유명한 농구 선수 마이클 조던은 초등학교 때부터 농구를 시작해서 초등학교 3학년 때 MVP가 되는 천재성을 보였답니다. 그러나 고등학교 때는 대표 팀에서 탈락했고, 실패의 고통을 맛보았지요. 그 일을 계기로 자신의 실력을 증명하기 위해 끊임없이 노력한 결과, 마이클 조던은 오늘날 모두가 칭송하는 농구 황제가 되었답니다.

지혜 님, 외교관이 되는 것이 정녕 지혜 님의 가슴을 벅차게 하는 꿈이라면, 다시 일어나 도전하세요. 그 어떤 아름다운 꽃도 흔들리지 않고 피는 꽃은 없답니다. 지금의 실패를 축복으로 여기게 될 날이 반드시 올 것입니다. 저는 그날이 무척이나 기다려집니다.

흔들리며 피는 꽃

도종환

흔들리지 않고 피는 꽃이 어디 있으랴.
이 세상 그 어떤 아름다운 꽃들도 다 흔들리면서 피었나니
흔들리면서 줄기를 곧게 세웠나니
흔들리지 않고 가는 사람이 어디 있으랴.

젖지 않고 피는 꽃이 어디 있으랴.
이 세상 그 어떤 빛나는 꽃들도 다 젖으며 젖으며 피었나니
바람과 비에 젖으며 꽃잎 따뜻하게 피웠나니
젖지 않고 가는 삶이 어디 있으랴. *

지금 어떤 일 때문에 흔들리고, 마음이 젖어 있나요? 이 세상 모든 아름다운 꽃들도 다 흔들리면서 피고, 이 세상 모든 빛나는 꽃들도 다 젖으며 핀답니다.

*『사람의 마을에 꽃이 진다』(도종환, 문학동네)에서 인용.

아들을 어떻게 공부시켜야 할지 불안해요

제 아들은 중1입니다. 초등학교 때는 공부를 곧잘 했는데 중학교에 올라오고 나서는 성적이 나쁩니다. 요즘 아이 공부시키려면 엄마의 정보력이 중요하다는데, 어떻게 해야 할지 모르겠습니다. 학교에 가면 학교 공부 위주로 시키라 하고, 엄마들 말을 들어 보면 학원에 따라 아이 성적이 달라진다 하고, 학원에 가 보면 지금 당장 학원을 더 보내지 않으면 학교 공부를 따라가기가 어렵다고 합니다. 도대체 어느 말을 따라야 하나요?

어떤 집 애들은 혼자서도 공부를 잘한다는데, 우리 아들이 스스로 공부하는 모습은 본 적이 없습니다. 애 아빠도 아이가 중학교 온 뒤부터 부쩍 학교 성적에 관심을 두는데, 이대로 두었다가 엄마 때문에 공부 못한다는 소리를 들을까 걱정입니다. 어떻게 해야 아이가 공부를 잘할까요? 제가 잘 도와주지 못해서 아이가 잘못될까 봐 많이 불안합니다.

— 원준 엄마

•• 엄마의 정서적
안정이 먼저입니다

　원준 어머님, 많이 불안하시지요? 자식 잘 키우고 싶은 부모 마음에 공감이 갑니다. 누구 말을 들어야 좋을지, 어떻게 자식을 이끌어 줄지 막막해하는 그 심정이 이해됩니다.

　원준이를 잘 도우려면 어머님에게 준비가 필요합니다. 바로 원준이를 잘 도울 수 있는 상태를 유지하는 것인데, 그러려면 어머님의 불안을 편안한 수준으로 다스리는 것이 우선입니다.

　불안은 사실 사람에게 매우 필요한 감정입니다. 적당히 불안해야 준비도 하고, 대처도 할 수 있으니까요. 모든 부모는 정도의 차이만 있을 뿐, 다 불안하답니다. 그러나 과도한 불안은 그야말로 과도한 긴장과 걱정을 불러와 과도한 반응을 나타낼 수 있기 때문에, 결국 부정적인 효과를 낼 우려가 있습니다.

　가령 엄마의 마음이 과도하게 불안하면 늘 아이를 준비시키게 하고, 엄마의 예측대로 하게 하기 쉽습니다. 사춘기의 아이들은 새로운 상황에서 스스로 적응하고 대처하는 자율성을 배우는 것이 중요한데, 엄마가 지나치게 통제하면 아이가 적응하고 대처하는 능력을 잘 배우지 못할 수도 있습니다.

　그리고 엄마가 너무 불안해서 마음에 여유가 없으면, 크게 문제 될 상황이 아닌데도 신경질이나 화를 내는 경우가 있습니다. 그러면 아이에게 분노가 쌓이게 되고, 이것은 학업 문제로 나타날 수도 있습니다. 아이가 분노를 해결하기 위해 심리적 에너지를 많이 써서 공부할 에너지가 부족해지기 때문이지요. 그러니 원준이를 잘 돕고 싶다면 어머님의 마음을 먼저 들여다보고, 혹시 과도한 불안이 있다면 그것을 먼저 다스리는 것이 좋습니다.

그러면 원준 어머님의 불안이 과도한지 아닌지는 어떻게 알 수 있을까요? 혹시 원준이를 대하는 어머님 마음속에 '꼭, 반드시, 잘, 절대, 결코' 같은 말들이 들어 있나요? 그렇다면 불안의 수준이 과도할 가능성이 있습니다.

불안이 과도하다는 생각이 들면, 그다음엔 불안이 어디서 유래했는지 스스로 마음을 들여다보세요. 혼자서도 좋고, 남편과 고민을 공유하거나, 전문가의 도움을 받는 것도 불안을 다스리고 마음을 들여다보는 데 도움이 될 거예요.

'내 속엔 내가 너무도 많아서 당신이 쉴 곳 없네'라는 노래 가사처럼, 엄마의 마음이 불안하고 걱정으로 가득하면, 그런 부정적 감정에 가려 아이의 상태를 제대로 볼 수 없습니다. 그러면 진정한 도움을 줄 수도 없지요. 어머님의 불안을 다스리는 것이 왜 먼저인지 이해가 되시지요?

그러면 지금부터 원준이를 돕는 구체적 방법들을 살펴보겠습니다.

첫째, 원준이가 왜 공부를 안 하려고 하는지 원준이와 이야기해 보세요. 나름의 까닭이 있을 겁니다. 혹시 원준이가 이야기하기 어려워할 수 있으니, 일반적으로 아이들이 말하는 것들을 알려 드릴게요. 이를 참고해 어떤 부분이 원준이과 관계있는지 부드럽고 편안한 분위기에서 이야기해 보시기 바랍니다.

아이들이 주로 말하는 것은 '하고 싶은 다른 것이 있어서, 부모님에게 나 자신도 모르는 반감이 있어서, 해도 해도 안 되기 때문에, 어른들을 보니 노력해도 삶이 그렇게 좋아 보이지 않아서, 학교생활에 문제가 있어서, 정체성 혼란의 시기여서, 인생에 대한 고민이 많아서, 동기가 부족해서' 등입니다.

대화를 통해 원인을 찾으면 해결책을 찾는 데도 도움이 될 것이고, 원준이에게는 엄마가 나를 이해해 준다는 느낌만으로도 정서적 도움이 되어 공부할 에너지가 충전될 것입니다.

둘째는, 원준이의 학업 성적이 어느 정도인지에 대한 확인입니다. 원준이의 성적이 평균보다 떨어진다면 어머님의 관심이나 적극적 도움이 필요할 것입니다. 학원이나 과외 등 사교육의 도움을 받는 것도 나쁘지 않겠지요.

하지만 사교육은 원준이와 합의하여 결정하는 게 좋습니다. 억지로 하는 사교육은 역효과가 나기 쉽답니다. 또 사교육을 받더라도 수준은 학교 진도에 맞추는 것이 좋습니다. 지나친 선행학습은 학교 수업의 집중도를 떨어뜨리고 지루함을 느끼게 합니다. 게다가 인지 발달 수준과 배우는 수준이 일치하지 않아 학습에 대한 무력감이 생길 수 있습니다. 중학생이 고등학교 과정을 배우면, 외우기는 해도 이해할 수는 없는 경우가 많습니다.

만약 성적이 평균 이상인데도 어머님이 이 정도 불안을 느낀다면, 어머님 자신의 마음을 들여다보세요. 부모님이 성적에 과도하게 민감한 반응을 보이며 불안해하는 까닭은 부모님 자신의 죄책감이나 자존심, 과도한 기대심 등이 관련된 경우가 많습니다.

'이대로 두었다가 엄마 때문에 공부 못한다는 소리를 듣는 건 아닐까'라는 말씀이나, '제가 잘 도와주지 못해서 아이가 잘못될까 봐'라는 말씀으로 보면, 어머님이 남편과의 관계에서 자존심을 세우고 싶거나, 내가 뭘 몰라서 아이를 잘못되게 할지도 모른다는 죄책감이 있는 것으로 보입니다.

아이가 스스로 공부하고자 하는 상황이라면 모르지만, 엄마가 원하는 대로 아주 잘하기를 바라는 것이라면 과도한 기대일 수 있습니다. 공부는 그 자체도 중요하지만, 공부하는 과정을 통해 힘든 것을 이겨 내고, 열심히 하는 태도를 배우는 것이 더 중요하답니다. 공부를 잘하고 못하고는 그다음 문제입니다. 엄마의 기대 수준이 너무 높으면 아이들은 '공부를 못하면 가치 없는 사람'이라고 생각해 자존감이 낮아지고, 정서적으로 불안한 사람이 되기 쉽습니다.

셋째, 성적이 떨어졌을 때 단기적, 장기적 대처를 달리 해 보세요. 중학교는 초등학교 공부와 여러 면에서 차이가 있고, 사춘기를 겪으며 성적이 떨어지는 경우도 많습니다. 이때 부모님이 너무 민감하게 대응하면 아이들도 불안해진답니다. 성적이 떨어졌을 때 단기적으로는 '그럴 수도 있다'는 자세로 지켜보시기 바랍니다. 이 시기의 아이들에게는 학업 동기나 습관을 스스로 찾는 기회가 필요합니다. 큰 문제가 없다면 대체로 자신에게 맞는 방법을 찾아가는 자율성이 길러지는 시기이니 여유를 갖고 지켜보시는 게 좋겠습니다. 하지만 성적 저하 기간이 너무 길어지면, 그때는 원인을 점검하고 심리적 도움이나 사교육, 다른 진로 탐색 등 적극적인 도움을 주시는 것도 고려해 보세요.

끝으로, 어머님이 좀 더 행복해지려고 노력하시면 좋겠습니다. 아이가 학습 능력을 발휘하려면 정서적 안정이 중요합니다. 아이가 정서적으로 안정되려면 엄마가 여유를 갖고 도울 수 있어야 하고요. 여유는 행복에서 온답니다. 행복한 엄마는 자신이 행복하기에 아이의 성적에 과도하게 민감해지지 않고, 아이의 능력을 믿고 기다릴 수 있습니다. 믿고 기다려 주는 사랑이야말로 부모가 이 시기의 자식에게 줄 수 있는 최고의 도움입니다.

●●●●● 세 개의 반지

귀한 반지를 가진 남자가 있었습니다. 반지를 끼고 있는 사람은 행동이 아름답고 고귀해 많은 사람의 사랑과 신망을 얻게 만들어 주는 신비로운 반지였지요. 남자는 자식 중 가장 사랑하는 아들에게 반지를 물려주면서, 그 아들 역시 가장 사랑하는 아들에게 반지를 물려주라고 일렀습니다. 반지는 계속 대물림되다가 세 아들을 둔 어느 아버지의 소유가 되었습니다. 그런데 아버지는 아들을 모두 똑같이 사랑해, 똑같은 반지를 두 개 더 만들어 세 아들에게 하나씩 나누어 주었습니다.

아버지가 돌아가신 후, 세 아들은 자신들 중 단 한 사람만이 진짜 반지를 가졌다는 것을 알고는 진짜 반지를 가리고자 재판관한테 갔습니다. 사연을 들은 재판관은 이렇게 말했습니다.

"나는 이 수수께끼를 풀 수 없소. 진짜 반지를 끼고 있는 사람은 아름답고 고귀한 행동으로 사람들의 사랑과 신망을 얻는다고 하지 않았소? 그러니 세 사람은 각자 노력을 다하시오. 진짜 반지의 가치는 미래에 저절로 증명될 것이오." *

사람을 편안하고 선하게 만들어 주는 진짜 반지의 힘은 반지 자체의 힘일까요? 믿음과 실천의 힘일까요? 또 얼마나 믿고 기다려야 알 수 있을까요?

* 『지혜로운 나탄』(레싱, 이루파 어린이)에서 요약 인용.

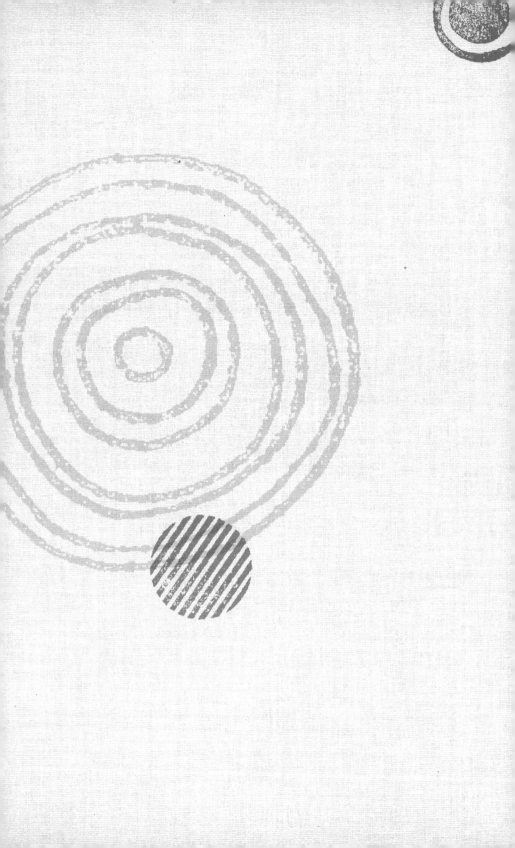

3

끊을 수 없는
유혹, 중독

인터넷 게임을 그만하고 싶습니다

저는 중3 남학생인데, 아무래도 게임 중독인 것 같습니다. 게임을 너무 많이 해서 2학기 때 성적이 엄청 떨어졌거든요. 조금 있으면 기말고사 인데 이번에도 성적을 못 올리면 아빠가 저를 끝장낼 겁니다. 아빠는 작년에 실직하고 엄마와 치킨집을 하는데, 제 성적표만 보면 설교 반, 몽둥이찜질 반이거든요.

실은 아빠도 아빠지만, 제 성격이 변하는 것 같아서 진짜 걱정됩니다. 작은 애들을 괴롭히고 싶고, 힘센 애들한테는 개기고 싶어져서 친구들 과 사이가 점점 나빠집니다. 어제는 친구가 자를 들고 있는데, 순간 칼 로 보여서 깜짝 놀랐습니다. 게임을 그만두어야겠다는 생각을 몇 번이 나 했지만, 게임에서 만난 사람들과 인연을 끊자니 허전하고, 아이템 팔기도 아까워서 자꾸 하게 됩니다. 하지만 지금 게임을 접지 않으면 인문계도 못 갈 것 같아요. 저 좀 도와주세요.

- 규민

•• 중독의 뿌리는 관계에서
채우지 못한 공허감입니다

규민 님, 작년에 아버지가 실직하셨다니 집안 분위기가 매우 힘들어졌겠군요. 부모님이 함께 치킨집을 하시니 혼자 보내는 시간이 늘었을 테고, 그 때문에 외롭고 허전했을지도 모르겠네요. 아마도 게임과 게임에서 만난 사람들이 그런 외롭고 허전한 마음을 채워 준 게 아닐까 싶어요. 그러다 보니 공부를 소홀히 해 성적이 떨어진 것 같은데, 아버지는 그런 규민 님의 마음을 이해하기보다 설교 반, 몽둥이찜질 반이었다니 아버지의 기대가 버겁기도 하고 화도 많이 났겠네요.

그런데 규민 님은 어떻게 게임을 그만두고자 하는 생각을 했나요? 보통 규민 님처럼 게임에 빠져드는 학생들을 도우려고 할 때 가장 어려운 점이 스스로 그만두고자 하는 의지가 없다는 점이랍니다. 인터넷 게임을 그만둔다는 것은 현재의 즐거움을 버리고 다시 지루하고 평범한 일상으로 돌아온다는 뜻이니 그만둘 마음을 먹기도 어렵지만 실행하기는 더 어렵지요. 그런데도 지금 규민 님은 게임을 그만두고자 마음을 먹었고, 자신의 성적도 걱정하고 있으니, 그 힘이 어디서 온 것인지 참으로 대단하게 느껴집니다.

물론 성적 걱정에는 아버지에 대한 두려움과 아버지를 실망시키고 싶지 않다는 효심도 들어 있는 것 같아요. 그러나 규민 님은 자신의 성격이 비도덕적으로 변하는 것을 두려워하고 있을 정도로 긍정적인 자아상을 갖고 있답니다. 또 자신의 상황을 제대로 파악하고 있는 만큼 규민 님의 이 고민은 삶을 충실하게 가꾸고자 하는 의지에서 비롯된 것으로 보이네요. 중독을 치유하려면 무엇보다 내적 변화 욕구가 필요한데, 규민 님에게는 그것이 있으니 참으로 희망적입니다. 규민 님 같은 경우는 대부분 노력하면 금세 좋아진답니다.

모든 치료는 원인을 아는 것부터 시작하지요. 게임 중독을 포함해 알코올 중독, 일 중독, 인터넷 중독 등 모든 중독의 원인은 '관계' 결핍에서 오는 공허감이랍니다. 뻥 뚫린 것 같은 마음속의 공허감을 채우기 위해 무엇인가에 의존하는 것, 그게 바로 중독이에요. 규민 님은 아버지의 실직 이후 생긴 변화로 부모님에게서 받고 싶은 애정이나 소속의 욕구가 충족되지 못해 공허감이 생겼고, 그게 게임 중독의 원인이 된 것 같습니다.

원인이 관계의 결핍에 있으니 치료는 당연히 관계의 회복에 초점을 맞춰야겠지요? 근본 원인을 해결하지 않고 게임만 그만두려 하면 아무리 노력해도 다시 게임을 시작하게 된답니다. 따라서 이런 문제는 혼자 해결하기보다 부모님이나 믿을 만한 다른 사람과 같이 해결하는 것이 훨씬 좋습니다. 이렇게 관계를 회복하고 도움을 얻는 과정이 중독 치료의 핵심이에요. 만약 관계 회복을 통한 원인 해결이 잘 이루어지지 않으면 게임 중독에서는 잠시 벗어나도, 음란물이나 술 같은 다른 종류의 중독에 빠질 가능성이 있습니다.

규민 님, 용기를 내어 부모님께 상황을 말씀드리고 도움을 청하세요. 실직은 부모님께 큰 어려움이겠지만, 어떤 부모에게도 자식보다 소중한 것은 없답니다. 혹시 부모님의 상황이 너무 힘들어 도움받기 어렵다면, 그런 역할을 해 줄 다른 사람을 찾아보세요. 아니면 규민 님이 스스로 그런 역할을 해도 됩니다.

규민 님은 심리적 독립을 시작할 나이가 되었으니까요.

관계가 회복되면 부모님과 함께 다음 과정을 진행해 보세요.

첫째, 성적 저하, 성격 변화, 현실 감각의 둔화, 건강의 이상 등 게임 중독으로 인한 삶의 부정적 변화를 알아차리세요. 규민 님은 이미 알고 있는 것 같으니, 이번엔 이것들이 가족 간의 관계 변화에 따른 공허감을 채우기 위한 현상임을 이해하기 바랍니다.

둘째, 산책, 스포츠, 흥미로운 것 배우기, 가족 여행 같은 대안 활동을 하면서, 인터넷 사용 시간을 줄여 보세요. 현대는 정보 사회랍니다. 인터넷 게임은 중독이 되기도 하지만 현대인을 위한 놀이 공간이기도 해요. 무조건 끊는 것은 현실적이지 못하답니다. 중요한 것은 조절력을 회복하는 것이에요. 그러니 인터넷 사용 시간을 정하고 3시간 이내 권장 지킬 수 있는 힘을 기르는 것이 중요합니다. 그런데 게임 중독 증상이 있는 규민 님이 스스로 시간을 조절하고, 대안 활동을 찾기는 쉽지 않을 거예요. 그럴 땐 부모님과 함께 대안 활동을 찾는 것이 도움이 된답니다.

셋째, 자신의 진로에 대한 꿈을 꾸세요. 꿈이 있는 거북이는 지치지 않는답니다. 이 말은 '달인'으로 유명한 개그맨 김병만 씨가 오랜 어려움을 극복하고 성공한 자신의 삶을 빗대어 한 말이랍니다. 어떤 어려움도 꿈이 있는 사람은 이겨 낼 수 있답니다.

규민 님의 꿈은 무엇인가요? 지금은 잠시 어려움을 겪고 있지만, 자신의 삶을 바로 볼 줄 알고, 삶에 대한 의지와 용기가 있는 규민 님의 장래가 무척 기대됩니다.

청소년이 인터넷에 빠지는 열 가지 까닭

1. 유희성

인터넷에는 영화, 연극, 음악, 미술, 오락 등 그동안 무수히 사람의 마음을 빼앗아 온 유희적 요소들이 모두 담겨 있어 재미있다. 게다가 마법, 죽음, 섹스와 같은 요소들도 있다.

2. 호기심

'정보의 바다'에 비유되는 인터넷은 대중의 호기심을 자극하기에 충분하다.

3. 익명성

화장실에서의 낙서처럼 무한 자유를 추구하는 사람의 본성을 발현할 수 있다.

4. 권력욕

무엇 하나 내 뜻대로 되지 않는 현실 세계와 달리 인터넷에서는 마우스 클릭만으로 가상 세계의 통치자가 된다.

5. 강박성

가상공간은 무한히 넓어 밤을 꼬박 새운 뒤 동틀 무렵에야 컴퓨터를 끈다 하더라도 다 돌아보지 못한 것 같은 께름칙한 생각이 들어 확인하지 않고는 견딜 수 없다. 그래서 꿈속에서도 다시 컴퓨터를 켜고야 만다.

6. '저 모퉁이만 돌아서면' 증후군

바로 저 모퉁이만 돌아서면 무언가 멋진 일이 있을 것 같고 그게 끝인 듯하지만, 그 모퉁이를 돌아서는 순간 또 저쪽에서 새로운 모퉁이가 유혹한다.

7. 분열성

가상공간에서는 다중 인격 체험이 가능한데 이 같은 짜릿한 체험의 근저에는 변신 혹은 환생에의 강력한 소망이 있다.

8. 친밀성

인터넷은 의외로 따뜻하다. 인터넷에 질문을 올리면 수없이 많은 답신을 보내 주는 친절한 사람들을 만날 수 있고 밤을 새워 이야기할 수도 있다.

9. 포용성

인터넷은 누구도 거절하지 않으며 어머니의 품처럼 언제나 열려 있다.

10. 신성 희구 神聖希求

가상공간은 무한히 넓어 없는 것이 없으며 나 이전에 선험적으로 존재하는 미지의 세계이다. 이러한 무한성은 인간 무의식의 무한한 투사의 대상이 되고 무의식적 숭배의 대상이 된다. *

정보화 사회의 인터넷 사용은 긍정적인 면과 부정적인 면을 동시에 지니고 있습니다. 인터넷 사용이 우리 삶에 긍정적 영향을 끼치게 하려면 어떻게 하면 좋을까요?

* 『YY부흥보고서』(이찬수, 규장문화사)에서 인용.

제가 인터넷 중독인가요?

저는 중1 남학생입니다. 제 꿈은 온라인 게임 개발자입니다. 요즘 새로운 꿈을 갖게 되어 부쩍 게임에 몰두하고 있는데, 게임 시간 때문에 엄마와 자꾸 싸우게 돼서 짜증 납니다. 저는 어릴 때부터 한번 좋아하는 것은 끝장을 보는 성격이라 뭐든 시작하면 정신없이 그것만 합니다. 어느 정도 하고 나면 알아서 줄일 수 있을 것 같은데, 엄마가 자꾸 잔소리하니까 반대로 더 하고 싶어집니다. 초등학교 때 방과 후 교실에서 게임 개발 수업 듣겠다고 할 때는 "하고 싶은 것 찾아서 좋다"고 하시더니, 이젠 "게임 중독되겠다"며 화를 내고 감시를 하십니다. 제가 정말 게임 중독인가요?

- 영민

제 아들은 중3입니다. 공부를 잘해서 중학교 내내 영재반이었고, 현재 영재고에 진학하려고 준비 중입니다. 그런데 컴퓨터 이용 시간 때문에 자꾸만 저와 다퉈 문제입니다. 영재고로 진학하기로 목표를 세운 뒤로 공부 때문에 스트레스받는 건 알지만, 자기가 가겠다고 정했으면 더 열심히 해야 하는 것 아닌가요? 그 시간에 잠이라도 자면 좋겠는데 밤에 꼭 두세 시간씩은 컴퓨터 앞에 매달려서 총 쏘는 게임도 하고 웹서핑도 하는 것 같습니다. 다른 면은 나무랄 데 없이 착한데 컴퓨터 이용 시간만큼은 양보를 안 하네요. 인터넷 중독이 아닌가 걱정됩니다.

− 은규 엄마

중요한 기준은 인터넷 사용자의 심리적 안정성과 조절력입니다

영민 님, 새로운 꿈을 갖게 된 것 축하해요. 한번 좋아하는 것은 끝장을 본다니 집중력이 뛰어나군요. 인터넷 게임도 어느 정도 하고 나면 줄일 수 있다고 하니 자신의 통제력에 대한 믿음도 있어 보입니다. 그런데 엄마와 인터넷 사용 문제로 다투는 것 때문에 짜증 난다니 어머님이 영민 님의 통제력을 믿어 주지 않아 화가 난 듯 보이네요. 반항심도 생겼고요. 더군다나 엄마가 영민 님의 꿈을 이해하고 지원하는 듯했는데, 도리어 꿈을 이루려 노력하는 모습에 화를 내니 혼란스럽겠어요.

은규 어머님, 은규가 영재이고 나무랄 데 없이 착한 것은 좋은데, 혹시 은규가 인터넷 중독이 되지 않을까 걱정하시는군요. 아들이 목표를 정했으니 더 열심히 노력해서 꼭 이루었으면 좋겠는데, 목표와 상관없는 컴퓨터 이용에 많은 시간을 보내니 안타까우시지요? 화도 좀 나신 것 같습니다.

두 분의 고민이 인터넷 사용을 바라보는 부모와 자녀의 견해 차이를 잘 보여 주고 있어 함께 살펴보겠습니다. 두 분 다 인터넷 중독을 염려하고 있지요? 그런데 이 정도 얘기만으로는 중독인지 아닌지 진단하기가 어렵습니다. 그래서 인터넷 중독에 대해 정확히 설명해 드릴 테니 스스로 점검해 보세요.

인터넷 중독은 알코올 중독처럼 인터넷 사용으로 인한 내성과 금단 증상이 뚜렷하게 나타나는 경우를 말합니다. 즉, 인터넷 사용으로 일정한 즐거움을 얻는 데 드는 시간이 점점 늘어나고^{내성}, 갑자기 인터넷 사용을 중단했을 때 신체적으로나 심리적으로 부적응 반응^{금단 증상}이 나타나는 등 일상생활에 심각한 지장이 있는 경우를 인터넷 중독이라고 한답니다.

상담을 하다 보면 중독 증상이 없는 건강한 인터넷 사용자인데 인터넷에 대한 부정적 시각을 지닌 부모님이 과도하게 걱정을 해 어려움을 겪는 경우도 간혹 있답니다. 현대는 정보 사회이기에 인터넷은 일상의 지루함과 무료함, 스트레스를 잊게 해 주는 하나의 놀이 문화 공간이 되기도 합니다. 따라서 무조건 인터넷 중독을 염려하기보다는 인터넷을 바로 알고 건강한 사용자가 되도록 하는 것이 중요합니다.

인터넷 매체는 청소년이 좋아할 만한 여러 특성^{92~93쪽 참고}을 지녔고, 이 특성 중에는 긍정적 측면과 부정적 측면이 모두 있습니다. 인터넷을 열심히 하는 것은 중독일 수도 있지만 몰입이라는 긍정적 경험일 수도 있답니다. 심리학자 칙센트 미하이는 어떤 행위에 깊게 몰두하여 시간의 흐름이나 공간, 더 나아가서는 자신에 대한 생각까지도 잊어버리게 되는 심리적 상태를 몰입이라고 정의했는데, 행복이나 즐거움과 비슷한 개념이랍니다.

은규 어머님, 웹서핑과 게임 때문에 걱정되시지요? 은규 같은 영재는 특성상 에너지 수준이 높아서 새로운 분야를 받아들일 때 쉽게 지루해할 수 있습니다. 그런데 인터넷은 워낙 방대한 자료를 담고 있으며 속도가 빠르고 난이도 조절이 가능해 몰입할 수 있는 좋은 조건이 된답니다. 그래서 요즘은 이런 특성을 활용해 인터넷을 영재 학습 프로그램으로 개발하기도 하지요. 총 쏘는 게임에 대해서도 많이 걱정하시는데, 폭력적 게임을 하면 폭력을 배우게 된다는 말을 많이 들어서 그러실 겁니다. 그런데 폭력적인 게임이 현실 세계에서 풀기 어려운 공격성이나 분노를 없애 준다는 연구 결과도 있답니다.

이렇듯 인터넷은 사용하는 것 자체를 걱정할 일이 아니라 인터넷이 은규에게 어떤 영향을 주고 있는지가 중요합니다. 즉, 게임이 은규에게 폭력성을 가르치는지, 오히려 심리적 도움을 주는지 살펴보아야 합니다.

인터넷이 은규나 영민 님에게 긍정적 영향을 주는지 부정적 영향을 주는지 판단하는 기준은 무엇일까요? 그것은 인터넷 사용자의 심리 상태가 안정적인지와 그에 따른 조절력 여부랍니다.

인터넷 사용자의 심리 상태가 안정적이면 인터넷은 사용자에게 긍정적 영향을 줍니다. 몰입을 경험하게 하거나 스트레스를 해소해 주는 기능을 하기 때문입니다. 인터넷 사용 시간이 길어지더라도 조절력이 있으면 얼마 지나지 않아 곧 정상 수준으로 회복하고요. 하지만 사용자의 심리 상태가 불안정하면 부정적 영향을 받기가 쉽습니다.

심리적 안정성은 부모와 자녀 관계의 질에 영향을 받는답니다. 인터넷 중독이 걱정된다면 먼저 이 부분을 확인하고 점검해야 합니다. 부모와 자녀 관계에서 자녀가 꼭 받아야 하는데 받지 못해서 충족되지 못한 욕구가 있거나, 이사, 전학, 부모의 별거나 이혼, 실직 등 집안에 큰 변동이 있을 때 심리적 보살핌을 잘 못 받았거나, 부모가 지나치게 공부 스트레스를 주거나 대화가 부족한 경우 등 보살핌이 적절하지 못하면 인터넷 중독이 되기 쉽습니다.

실제로 상담할 때 부모 자녀 관계가 원만한지를 쉽게 확인하는 방법은 서로 편안하게 눈을 바라보는 것이 가능한지를 살펴보는 것입니다. 부모 자녀 관계에서 대화가 부족하거나, 마음에 상처가 있어 서로 불편해하면 말없이 한동안 눈을 바라보는 것이 쉽지 않습니다. 서로를 편안하게 바라볼 수 없는 관계는 대체로 대화를 나누기도 어려운 상태인 경우가 많습니다.

이럴 때 부모로서 항상 자녀를 사랑하고 있고, 보살펴 주고 있다고 여기기 때문에 자녀가 왜 부모와 관계를 불편해하는지 이해하기 어려워하지요. 그러나 부모의 처지를 잠시 벗어나 어린 자녀의 처지에서 다시 관계를 살펴보아야 합니다. 그러면 어떤 상황에서 충분히 안전하게 보호받고자 하는 욕구, 편안하고 안정된 가정에 소속되고자 하는 욕구, 충분히 어루만짐을 받고 사랑과 관심을 받고 싶은 욕구, 실수해도 용서받고 수용받고 싶은 욕구 등이 충분히 받아들여지지 못했던 순간이 있었다는 것을 발견하기도 합니다.

모든 사람이 그러하듯 부모도 사람이기에 자식을 양육할 때 사랑하는 마음은 충분해도 사랑을 전하는 방법이나 양육에 대한 준비는 부족했을 수 있으니 이런 상황은 충분히 발생할 수 있습니다. 중요한 건 부모 자녀의 관계가 이런 감정적인 부분들을 서로 이야기할 수 있고, 서로 이해할 수 있는지가 부모와 자녀 관계의 핵심이지요.

중독은 관계 결핍에서 오는 심리적 문제입니다. 좋은 관계가 전제되면, 인터넷 사용은 현대 사회의 긍정적 도구가 된답니다.

인터넷 게임 중독 척도_학생용

다음은 게임 사용에 관한 문항들입니다. 각 문항을 잘 읽고 현재 자신의 상태와 가장 가까운 곳에 V표를 하면 됩니다. 정답은 없습니다. 솔직하게 답해 주시기 바랍니다.

1 전혀 그렇지 않다. 2 별로 그렇지 않다. 3 보통이다. 4 약간 그렇다. 5 매우 그렇다.

A	1. 게임을 하기 전보다 성적이 떨어졌다.	1 2 3 4 5
	2. 공부를 하려고 하면 게임 생각이 나서 집중하기가 어렵다.	1 2 3 4 5
	3. 게임하기 전보다 모든 학업에 불성실해졌다.	1 2 3 4 5
	4. 게임 때문에 부모님한테 자주 혼난다.	1 2 3 4 5
	5. 내가 왜 게임에 빠졌는지 후회가 된다.	1 2 3 4 5
B	6. 게임에서 사용하는 용어를 현실에서도 그대로 사용한다.	1 2 3 4 5
	7. 대부분의 이야기가 게임과 관련되어 있다.	1 2 3 4 5
	8. 게임을 하느라 예전보다 돈을 많이 쓴다.	1 2 3 4 5
	9. 게임을 하기 전보다 말투가 거칠어졌다.	1 2 3 4 5
	10. 게임을 하기 위해 거짓말을 할 때도 있다.	1 2 3 4 5
	11. 게임 이외에 다른 활동은 눈에 띄게 줄어들었다.	1 2 3 4 5
C	12. 게임을 하는 동안 원하는 만큼 되지 않으면 짜증이 난다.	1 2 3 4 5
	13. 게임을 하는 동안 잘 되지 않을까 봐 불안하고 짜증이 난다.	1 2 3 4 5
	14. 게임을 하고 나면 여기저기가 아프거나 쑤신다 (머리, 허리 등).	1 2 3 4 5
	15. 게임을 할 때 방해를 받으면 짜증이 나서 참기 어렵다.	1 2 3 4 5
D	16. 게임을 하기 위해서라면 어떤 어려움도 감수할 수 있다.	1 2 3 4 5
	17. 하루 종일 게임 생각만 한다.	1 2 3 4 5
	18. 하루라도 게임을 하지 않으면 다른 일을 하기가 어렵다.	1 2 3 4 5
	19. 게임과 현실이 구분되지 않을 때가 있다.	1 2 3 4 5
	20. 게임을 하느라 밤을 새우거나 잠자는 시간이 줄었다.	1 2 3 4 5
	21. 게임에 관련된 꿈을 꾼다.	1 2 3 4 5
	22. 게임을 그만두고 싶지만 마음대로 되지 않는다.	1 2 3 4 5
E	23. 게임 때문에 다른 사람들과 관계가 멀어졌다.	1 2 3 4 5
	24. 게임을 하고 난 후로 성격이 거칠어졌다.	1 2 3 4 5
	25. 게임 때문에 친구들과 싸우거나 다투게 된다.	1 2 3 4 5

A 학업 태도 저하 B 부적응 행동 C 부정적 정서 경험 D 심리적인 몰입 및 집착 E 대인 관계 문제

인터넷 게임 중독 척도 채점 기준 및 설명

- **0 ~ 25점**

  인터넷 게임 사용에 전혀 문제가 없음.

  자기 통제력을 가지고 있는 사용자임.

- **26 ~ 50점**

  평균적인 게임 이용자임.

  문제가 되는 인터넷 사용자가 되지 않도록 지속적인 관심이 필요함.

- **51 ~ 75점**

  인터넷 게임 때문에 문제가 발생할 소지가 있으니 게임 사용에 주의가 필요함.

  인터넷 사용 시간과 내역을 확인하고 생활 전반에 걸친 시간 관리가 필요함.

- **76 ~ 100점**

  인터넷 게임 사용 때문에 일상생활에 문제가 발생하고 있는 사용자임.

  인터넷 사용에 대한 가족들의 주의를 환기시켜 학교와 가정의 협력과 적극적
  인 노력이 필요함.

- **100점 이상**

  인터넷 게임 사용 때문에 일상생활에 심각한 수준의 문제가 발생하고 있어,

  전문적인 도움이 절실히 필요한 사용자임.

  인터넷 중독 치료가 시급하게 요구되는 상태임.

*『인터넷 중독 완전정복』(이형초·심경섭 지음, 시그마프레스)에서 인용.

담배를 끊고 싶어요

저는 중3 남학생입니다. 미술을 전공하려고 공부 중인데 담배를 끊지 못해 고민입니다. 저희 아버지는 고위직 공무원이고, 저도 공무원이 되길 바라셔서 제가 미술 전공하는 걸 허락하지 않았어요. 자식이 미술을 하면 집안을 말아먹는다며 꿈도 꾸지 말라고 했거든요. 저는 아버지한테 반항하려고 일부러 시험을 망치기도 하고, 가출도 해 보고, 담배도 피웠습니다.

중3이 되면서 엄마의 설득 끝에 아버지가 미술 공부를 허락했고 이젠 미술학원도 다니지만, 학교생활이 맘 같지 않습니다. 미술학원에서 늦게까지 그림을 그리느라 수업 시간엔 졸기 일쑤고, 담배 피우는 친구들과 어울리다 보니 학교에서 일어나는 사건 사고마다 불려 다닙니다.

이젠 그러고 싶지 않은데, 담배만 끊어도 달라질 수 있을 것 같은데, 끊을 수가 없습니다. 어떡하죠?

- 인성

자신이 **담배**한테서 **도움**받고 있는 부분이 **무엇**인지 살펴보세요

인성 님, 고민을 듣다 보니 골프선수 최경주 님이 생각났어요. 인성 님과 상황은 좀 다르지만 그분도 아버지의 엄청난 반대를 이겨 내고 꿈을 이루었거든요. 거기다 골프 선수가 된 이후 첫 위기가 담배 때문에 왔을 정도로 엄청난 애연가였다고 합니다. 하지만 PGA^{미국남자프로골프협회} 경기에 진출하기 위해 하루에 세 갑이나 피우던 담배를 끊었다고 합니다. 어떤가요? 인성 님과 비슷한 것 같지 않나요? 제가 최경주 선수를 인성 님에게 소개하는 건 분야는 다르지만 자신의 잠재력을 실현하는 욕구나 의지 면에서 볼 때, 그를 본보기로 삼으면 어떨까 해서랍니다.

인성 님의 애기만 언뜻 들어 봐도 금연하는 데 정말 큰 노력이 필요할 것 같습니다. 아버지와의 갈등이 해결되었고, 학교생활을 잘하려는 의지도 충만하며, 더군다나 같이 흡연하는 친구들 때문에 귀찮고 억울한 일이 생기는 것 같은데도 담배를 끊지 못하는 것을 보면, 아마도 니코틴 중독이 아닐까 싶어요. 통계적으로 보면 열여섯 살 이전에 흡연을 시작한 사람은 그 이후에 시작한 사람보다 두 배 이상 담배 끊기가 어렵다고 하니 저도 참 안타깝네요.

하지만 불가능은 없답니다. 그렇게 강경했던 아버님의 반대도 이겨 내지 않았나요? 금연도 의지만 확고하다면 최경주 선수처럼 해낼 수 있습니다!

금연을 위해 제일 먼저 할 일은 흡연이 인성 님에게 주는 심리적 이익이 무엇인지 살펴보고 자신에 대한 이해를 높이는 것입니다. 심리학자들은 흡연은 구강기적 욕구, 즉 뭐든지 입으로 가져가던 갓난아기 때의 욕구가 남아 있어 담배를 피우면서 그 욕구를 해소하는 것이며, 이런 사람들은 성격상 의존성이 높다고 한답니다.

인성 님 내면을 한번 들여다보세요. 인성 님은 담배를 못 끊어 괴롭다고 하지만 실은 흡연이 주는 즐거움이 더 크기 때문에 못 끊는 것일 수도 있답니다. 그렇다면 흡연이 인성 님도 모르게 어떤 심리적 어려움을 해결하는 데 도움을 주고 있다는 얘기예요. 그것을 심리학자들은 '의존'이라고 표현했고요. 그럼 일반적으로 사람들이 말하는 흡연에 의존하는 까닭을 소개해 볼 테니 인성 님이 담배로부터 도움을 받고 있는 부분이 무엇인지 살펴보세요.

흡연에는 사회적 강화 기능이 있습니다. 대인 관계에서 어색하거나 불안할 때 담배가 그런 느낌을 줄여 주고 쉽게 말을 건네게 해 준답니다. 또 흡연은 분노나 불안을 줄여 주기도 해요. 담배를 꺼내어 입에 물고, 불을 붙이고, 이어 담배를 깊이 빨아들이고 내뿜는 과정들이 심호흡과 비슷한 역할을 해 분노나 불안을 순간적으로 줄여 주지요. 그리고 흡연은 일시적인 기분 조절 효과가 있습니다. 담배에 들어 있는 니코틴이라는 물질은 흡연 후 1분 안에 신경을 흥분시키는 효과가 있어요. 결과적으로는 두뇌의 일부분을 파괴해 건강을 해치지만 일시적으로는 기분이 좋아지지요.

이 중에서는 어쩌면 흡연이 인성 님의 분노를 조절해 주는 역할을 했을지도 모르겠네요. 위의 원인을 자신에게 대입해 보면 어떤 심리적 어려움을 담배에 의존하고 있는지 알 수 있을 겁니다.

원인을 찾았다면 니코틴 중독을 치료하기 위해 대인 관계를 회복하세요. 모든 중독은 관계에서 채우지 못한 공허감을 무엇엔가 의존하는 것이라고 앞에서 이야기했습니다. 혼자 해결하기보다는 부모님이나 믿을 만한 다른 사람과 함께 해결하는 것이 훨씬 도움이 된답니다.

따뜻한 물이나 허브차를 자주 마시고, 심호흡을 하며 운동을 병행하세요. 흡연은 입의 욕구와 관련 있으니 금연을 위해 담배 대신 껌이나 사탕을 권하기도 한답니다. 그러나 이런 것은 비만의 원인이 될 수 있으니 따뜻한 물을 자주 마시는 것이 가장 좋아요. 그리고 담배 피울 때의 심호흡이 가져오는 심리적 안정감을 대체하도록 자주 심호흡을 하면서 운동을 병행하면 운동이 주는 스트레스 조절과 분노 해소 효과가 금연에 도움이 될 거예요.

그리고 새로운 금연 환경을 만들어 보세요. 청소년기의 행동은 본인의 의지나 교육의 영향보다 또래의 성향에 더 큰 영향을 받는다고 합니다. 그러니 어울리는 친구들이 모두 흡연을 하는 상황에서 혼자 금연하기란 매우 어려운 일이에요. 금연하려면 어울리는 친구들을 과감히 바꾸거나, 아니면 친구들 사이에서 인성 님만 흡연을 안 해도 어울리는 데 문제가 없도록 분위기를 만들어야 합니다. 그게 어려우면 금연을 시작하는 때를 방학이나 고등학교 진학 이후로 정하거나, 정말 의지가 결연하다면 부모님 동의를 얻어 전학을 생각해 보세요.

마지막으로 금연 콜센터[1544-9030]를 이용해 보세요. 전문가가 금연과 관련된 모든 서비스를 제공하니 종합적인 도움을 받을 수 있을 겁니다.

금연이 쉽지는 않지만, 인성 님과 비슷한 경험을 가진 최경주 선수를 떠올리며 자신의 꿈을 위해 금연에 꼭 성공하기 바랍니다.

자꾸 돈을 훔쳐요

저는 중1 여학생입니다. 초등 5학년 때 부모님이 이혼한 후, 엄마와 살고 있습니다. 제 고민은 그때부터 엄마 지갑에서 돈 훔치는 버릇이 생긴 것입니다. 처음엔 정말 아무 생각 없이 그랬는데, 이젠 친구들과 햄버거, 피자 등을 사 먹으려고 몰래 엄마 옷을 뒤지곤 합니다. 저는 친구들하고 놀고 싶은데 친구들은 왠지 저를 피하는 것 같고, 돈으로 관심을 끌기 위해 나쁜 짓인 줄 알지만 자꾸 돈을 훔치게 됩니다.

어제는 학원에서 선생님 돈을 훔쳐서 많이 혼나고, 엄마도 학원에 와서 울었습니다. 엄마를 속상하게 해서 미안하기도 하지만, 엄마가 파출부 하는 게 학원에 소문나서 더 괴롭습니다. 그러지 않아도 학원 선생님들도 저를 미워하고 친구들도 피하는데, 이젠 정말 친구들과 놀지 못할 것 같아 속상합니다.

이제 어떻게 하죠? 저는 나쁜 사람이니 아무도 상대해 주지 않겠죠?

- 은주

•• 내면의 갈등이나 우울감이
훔치는 행동으로 나타납니다

은주 님, 어린 나이에 큰 어려움을 겪었군요. 많이 외롭고 힘들었지요? 돈을 훔치는 것이 나쁜 짓인 줄 알면서도 자꾸 한다니 괴롭겠어요. 더군다나 이번 일로 더 괴로운 일이 생겼고요. 미안하기도 하고, 죄책감도 들고, 속상하기도 하고, 창피하기도 하고, 화도 나고, 외롭기도 하고, 두렵기도 하고……. 마음이 복잡하지요?

은주 님, 혹시 돈 훔치는 것^{도벽}이 나쁜 짓인 줄 아는데도 왜 그만두지 못하는지 알고 있나요? 은주 님이 알 수도 있고, 모를 수도 있는데 도벽 치료에는 원인을 아는 것이 매우 중요하니 함께 원인을 찾는 것부터 시작해 볼게요.

일반적으로 도벽의 원인에는 크게 두 가지가 있습니다. 하나는 남에게 의도적으로 고통이나 해를 가하려는 반사회적인 의도가 있는 경우이고, 또 하나는 내면의 정서적 갈등이나 우울감이 도벽으로 나타나는 경우이지요. 이런 경우를 '가면 쓴 우울증'이라고 합니다. 은주 님은 엄마에게 미안해하고 죄책감을 느끼니 단순히 나쁜 습관이나 반사회적인 의도의 문제가 아닌 건 알겠지요?

은주 님의 도벽은 내면의 우울감이 도벽이라는 행동으로 표현된 것입니다. 그 우울감은 부모님의 이혼 때문에 가정에서 충분한 애정을 받지 못해 생긴 정서적 문제이고요. 즉, 은주 님은 부모님의 사랑이 부족하여 정서적인 배고픔을 느끼고, 그 마음을 달래기 위해 돈을 훔치고, 그 돈으로 뭔가를 사 먹은 거라고 볼 수 있어요. 그 과정에서 친구들에게 선심을 씀으로써 가정에서 얻지 못한 관심과 애정을 밖에서 얻으려 한 것이지요. 그런데 이젠 그것조차 어려워지고 소외감이 심해질 것 같으니, 도벽 그 자체보다 친구들이 어떻게 반응할지가 더 속상하고 괴로운 거예요.

은주 님의 도벽을 고치려면 은주 님의 가정환경, 즉 부모님의 양육 태도 변화가 가장 중요합니다. 가족 모두 상담으로 치료받는 것을 가족 치료라고 하는데, 이번 일을 계기로 은주 님의 부모님이 먼저 상담의 도움을 받고, 은주 님의 우울감에 애정과 관심을 둔다면 도벽은 빨리 고쳐질 겁니다.

하지만 사정이 여의치 못해 부모님이 그런 도움을 못 줄 수도 있어요. 그럴 때는 선생님이나 상담가처럼 부모님을 대신해 도움받을 만한 어른을 찾거나, 은주 님이 스스로 자신을 사랑하고 돌보는 법을 터득하면 도움이 될 거예요. 은주 님은 이제 심리적 독립을 시작할 나이가 되었으니 스스로 자신의 내면을 돌보는 방법을 터득하면 장기적으로 인생에 더 보탬이 될 겁니다.

은주 님과 비슷한 심리적 문제를 다룬 〈위험한 아이들^{Dangerous minds. 1995}〉이라는 영화가 있습니다. 가능하다면 영화를 꼭 보면 좋겠어요. 이런 걸 영화 치료라고 하는데, 영화를 보는 것만으로도 약간의 치료 효과가 있거든요.

이 영화는 미국의 빈민가에서 비행을 저지르던 청소년들의 이야기랍니다. 아이들이 한 교사의 열정과 사랑에 점차 감동하면서 서로 돕고 적응하는 방법을 배우고, 스트레스 상황에서 자신의 성장에 좀 더 도움이 되는 방식을 알아가는 과정을 잘 보여 주지요. 은주 님이 영화 속 주인공이라 생각하고 스스로 어떤 도움을 줄 수 있을지 떠올리며 영화를 보면 좋겠습니다.

그럼 이제는 은주 님의 도벽을 치료하는 과정을 구체적으로 이야기할게요.

첫째, 부모님의 이혼으로 인한 자신의 상처와 좌절된 감정이 무엇인지 알아보세요. 영화 속 선생님이 아이들의 비행이 아이들의 성품 문제가 아니라 어려운 환경에서 비롯된 좌절과 분노 때문임을 이해하듯이 말이에요. 은주 님 도벽의 원인 역시 내면의 우울감이라는 걸 먼저 알고 풀어야 한답니다.

차분히 자신의 내면을 들여다보세요. 부모님이나 상담사와 함께 할 수도 있고, 혼자 할 수도 있어요. 편안한 시간에 편안한 장소에서 조용히 나의 내면을 들여다보면 부모님 이혼 후 내가 받은 상처를 떠올릴 수 있을 거예요. 사랑받고 싶었는데 좌절되었을 수도 있고, 부모님의 불화로 소외감이나 분노를 느꼈을 수도 있어요. 그런 감정들을 부모님께 표현하지 못했거나, 또 표현했어도 이해받지 못해 은주 님 내면에 남은 거랍니다. 그리고 남아 있는 감정들은 자신을 사랑받을 만한 존재로 여기지 못하게 괴롭히고 있고요.

사람은 분노할 수도 있고, 실수할 수도 있고, 설령 잘못했더라도 용서받을 수 있는 존재입니다. 은주 님은 나쁜 사람이 아니에요. 돈을 훔치는 나쁜 행동을 한 적은 있지만, 은주 님이라는 사람 자체가 나쁜 것이 절대 아니에요. 은주 님은 여전히 귀하고 사랑스러운 사람이랍니다. 단지 큰 상처가 있었고, 상처를 회복할 만한 관심과 사랑을 아직 받지 못했을 뿐이지요.

둘째, 내면에 있는 슬픔과 분노를 풀어야 합니다. 영화 속의 선생님처럼 누군가 은주 님의 슬픔에 공감하고 분노를 받아 준다면 더할 나위 없이 좋겠지만, 그런 상황이 되지 않으면 스스로 할 수도 있답니다. 자신의 감정을 일기장에 털어놓거나, 상담 선생님께 편지를 쓰거나, 그림을 그리거나, 소리 내어 기도하거나, 노래하거나, 무용이나 운동을 하는 것도 도움이 됩니다. 이런 식으로 자기감정을 털어놓을 때는 형식 없이 자유롭게 표현하는 것이 좋습니다. 울고 싶으면 울고, 소리 지르고 싶으면 소리 지르세요. 그렇게 내면의 상처를 드러내고 감정을 푸는 것이 바로 정서를 돌보는 과정이랍니다.

마지막 방법은 스트레스 상황에 대한 대처법을 찾아 연습하는 것입니다. 도벽과 선심 쓰기를 통한 친구 사귀기는 은주 님이 찾은 무의식적 스트레스 대처법이에요. 하지만 이런 방법들은 별로 도움이 되지 않는다는 걸 이젠 알겠지요? 무엇보다 은주 님이 하고 싶은 일을 찾아서 즐겁게 하고, 좋은 친구를 사귀는 것이 가장 좋아요. 1장^{17쪽 참고}에서 소개한 친구 사귀는 법을 활용하면 선심 쓰지 않고도 친구를 사귀는 데 도움이 될 겁니다.

동시에 은주 님이 하고 싶은 것을 찾아보세요. 춤일 수도 있고, 노래일 수도 있고, 뭔가를 배우는 것일 수도 있겠지요. 하고 싶은 것을 찾아서 하다 보면 심리적 에너지가 충전되어 스트레스에 좀 더 유연하게 대처할 수 있을 거예요.

심리학자 아돌프 아들러는 사람을 움직이는 가장 기본적인 에너지가 '열등감을 극복하고 남보다 우월해지려는 욕구'라고 했답니다. 은주 님이 지금은 정서적 배고픔을 도벽으로 표현했지만, 언젠가 그 정서적 배고픔이 열정의 원천이 되어 은주 님을 성공으로 이끌지도 모릅니다. 열정으로 빛나는 은주 님을 기대합니다.

너무도 가난한 소년이 있었다. 그는 남의 목장에 숨어 들어가 양을 훔쳐다 팔아 주린 배를 달랬다. 하지만 붙잡혀 벌을 받게 되었고 마을 사람들은 달군 쇠로 소년의 이마에 'ST'라는 글자를 새겼다. '양 도둑^{Sheep Thief}'의 약자였다. 소년은 너무도 부끄러웠지만 절망을 딛고 이렇게 결심했다.

'내가 이 마을에서 다시 명예를 회복하는 길은 올바르게 사는 것밖에 없어. 누구보다 성실하게 살아서 ST라는 글자가 나에게 어울리지 않음을 보여 주겠어.'

소년은 열심히 일했다. 돈을 벌면 자기보다 어려운 사람을 위해 아낌없이 내놓았다. 소년이 양 도둑이었다는 기억은 사람들 뇌리에서 차츰 지워져 갔다. 마침내 소년이 어른이 되었을 때, 사람들은 그를 칭송하며 시장 자리를 맡겼다. 그가 시장으로 취임하는 날, 한 소년이 아버지에게 물었다.

"아빠, 시장님의 이마에 쓰인 ST라는 글자는 무슨 뜻이에요?"

"그건 성자^{Saint}라는 뜻이지. 저분은 하나님이 인정한 성자란다." *

지금 혹시 '문제아', '반항아', '도둑' 같은 낙인이 찍힌 사람이 있나요? 그 낙인은 영원한 것이 아니랍니다. 자신의 낙인이 달라질 수 있는지 없는지는 자신에게 달렸습니다. 원한다면 지금부터 바로 달라질 수 있습니다.

*『빛깔이 있는 학급운영 1』(우리교육 엮음, 우리교육)에서 인용.

아들이 자꾸 나쁜 행동을 합니다

중2 아들 때문에 잠이 안 옵니다. 초등학교 때도 친구들과 가끔 싸우는 일이 있었는데, 중학생이 되어서는 성적도 나쁜 데다 친구들을 심하게 때린 일이 벌써 세 번이나 있었어요. 지난주에는 1학년 학생을 때리고 돈까지 빼앗았다고 연락이 와 학교에 갔습니다. 담임선생님 말씀이 아들이 수업 시간에도 산만하고 결석, 지각도 자주 한다더군요. 정말 놀랐습니다.

그 일로 남편이 아들에게 다그쳐 물으니 학교 근처를 돌아다니거나 PC방에서 시간을 보냈다고 하네요. 남편이 경찰이라 많이 엄한 편이고, 그때도 심하게 혼을 냈지만 효과가 없습니다. 전에도 그런 식으로 혼나고 다시는 그러지 않겠다고 다짐을 했는데 또 이런 일이 생겼거든요. 남편은 제가 매를 아껴서 그렇다며 정신이 번쩍 나도록 때려야 말을 듣는다고 하지만, 저는 오히려 남편 때문에 아이가 더 반항하고 거짓말까지 느는 것 같아 걱정입니다.

- 준석 엄마

나쁜 행동은 매를 먹고 자랍니다

준석 어머님, 정말 걱정이 많으시겠어요. 준석이가 부모님을 속이기까지 했으니, 얼마나 놀라고 걱정이 될지 이해됩니다. 어머님은 준석이의 행동을 어떻게 고쳐야 할지 걱정이 태산인데, 준석 아버님은 아들에게 실망하고 화만 내는 것 같아 그것도 괴롭지요?

준석이 같은 행동을 보이는 학생들을 품행에 문제가 있다고 표현하는데, 심리학에서 보는 품행 문제의 원인은 생물학적 원인과 가정적 원인을 대표적으로 꼽습니다. 혹시 주의력 결핍 과잉 행동 장애[ADHD]라고 들어보셨는지요? 이는 뇌 손상이나 기질적인 문제가 원인이 되어 행동상 문제로 나타나는 장애입니다. 이 장애를 가진 아동이나 청소년은 어떤 일에 주의를 집중하지 못하고 산만하며 자주 싸우고 부모에게 반항하는 등 행동이 과하게 나타납니다. 그래서 심각한 문제가 생기기도 하지요.

준석이 같은 행동을 보이는 학생들 중 상당수가 이 장애를 갖고 있습니다. 준석이의 문제 행동이 초등학교 때부터 있었던 것으로 보아 가능성이 없다고 하기는 어렵네요. 하지만 유명한 사람들 중에도 어릴 때 이런 장애가 있던 사람이 제법 있으니 크게 걱정하지 마세요. 다만, 어머님 얘기만으로는 진단이 어려우니 전문 기관을 방문해 확인하면 도움이 될 것입니다. 만약 이 증후군이 맞다면 뇌 손상이나 기질적 문제이기에 약물 치료를 받을 수도 있고, 뜻밖에 좀 더 수월하게 문제 행동에 대한 도움을 받을 수도 있습니다.

ADHD가 아니라면 품행 문제의 원인은 가정적 요인에서 비롯할 수 있습니다. 이런 행동을 보이는 학생은 부모님이 강압적이거나 폭력적인 양육 태도를 보이는 경우가 많다고 하거든요. 아니나 다를까 아버님이 많이 엄하고 교육을 위해서는 매를 들어야 한다고 말씀하신 것으로 보아 상황이 일치하는 게 아닐까 싶습니다.

흔히 생각하는 오류 중 하나가 품행 문제는 매를 아껴서 생긴다는 태도입니다. 하지만 사실 품행 문제는 매를 먹고 자란답니다. 아버님의 태도 때문에 준석이가 더 반항적인 아이가 될까 봐 걱정하는 어머님의 우려에 수긍이 되네요.

엄한 교육이 필요하기도 하지만, 분노의 말로 하는 교육은 자식에게 분노를 심어 주게 됩니다. 하지만 아버님의 본심은 자식을 사랑하는 마음이니 아버님의 분노는 아버님 내면에 억압된 상처 때문인 것으로 보입니다. 그럼에도 아버님은 아들에게 실망과 분노를 느껴 비난과 처벌을 하고, 준석이는 이런 행동에 반항함으로써 문제 행동이 더 나빠지고 있는 것 같습니다. 상황을 바꾸려면 먼저 이 악순환을 끊어야 합니다.

준석이의 품행 문제를 고치기 위해 어머님이 하실 수 있는 일은 먼저 부부간의 갈등을 점검하는 일입니다. 대상 관계 심리학에서는 아이 양육의 일차적 책임은 엄마에게 있다고 봅니다. 엄마 자신의 마음이 안정적일 때 자녀를 편안하게 양육할 수 있고, 그런 환경에서 자란 아이는 품행도 자연스럽게 편안하다는 것입니다. 하지만 엄마의 마음이 힘들고 불안하다면요? 당연히 좋지 않은 영향을 주겠지요. 엄마의 마음을 힘들게 하는 주된 원인은 엄마 자신의 품성일 수도 있지만, 더 중요한 요인은 부부 관계랍니다. 부부 관계가 나쁘면 엄마가 힘들어지고, 그 영향을 아이가 받으면 문제가 생기는 것이지요.

준석이를 교육하는 데에도 아버지는 엄하고 어머니는 자애로우신 것 같습니다. 옛날부터 우리나라에서는 '엄부 자모'라 하여 엄한 아버지와 자애로운 어머니를 이상적인 부모로 여겼고, 교육학에서도 통제와 허용이 공존하는 가정을 이상적으로 생각한답니다. 그런데 준석 어머님과 아버님은 서로의 교육 방법 때문에 준석이가 잘못되었다는 식으로 원망하는 마음이 보입니다.

준석 어머님, 차분히 자신의 내면을 들여다보세요. 어머님 마음에 들어 있는 불만이 단순히 준석이의 교육에 대한 것이 아니라 부부 사이의 갈등이 원인이라는 것을 알 수 있을 겁니다. 부부 사이가 나쁘면 자식은 갈등합니다. 엄마의 생각을 따르자니 아빠를 배신하는 셈이 되고, 아빠의 생각을 따르자니 엄마를 배신하는 셈이 되니까요. 이런 갈등을 충성 갈등이라고 합니다. 그리고 충성 갈등은 아이의 내면에 분노를 일으킵니다. 이런 분노가 내면으로 들어오면 정신적 문제가 생기고, 외부로 터지면 품행 문제가 생기는 것이랍니다.

따라서 준석이의 품행 문제를 고치려면 부부 갈등부터 해결하는 것이 좋습니다. 이런 과정을 가족 치료라고 하는데, 가족 치료의 과정을 알려 드릴 테니 저와 함께 자신의 마음을 살펴보시기 바랍니다.

가족 문제 해결의 첫 단계는 부부 갈등이 있음을 아는 것입니다. 이 갈등을 해결하기 위해서는 어머님이 많은 힘을 내셔야 합니다. 자신의 마음을 잘 들여다보세요. 그러면 어느 순간 남편을 원망하는 마음 밑에 미안한 마음이 있음을 아실 겁니다. 처음엔 어리둥절하겠지만, 남편에게 어떤 부분에서 미안한 마음이 있는지 계속 찾아보세요. 자식을 때려서라도 바르게 훈육하고 싶어 하는 남편의 마음을 준석 어머님이 헤아려 주지 않고, 오히려 남편의 양육 방식에 문제가 있다고 원망하고 있지 않나요? 남편이 본래 엄한 탓도 있겠지만, 자신의 훈육 방식을 원망하는 아내에게 자신이 옳다는 것을 보여 주려고 준석이에게 필요 이상으로 더 엄해지고, 더 화를 내며 매를 드는지도 모릅니다.

이런 상황에 대해 준석 어머님이 남편에게 미안해하고 그 마음을 전달하면, 놀랍게도 남편도 부인에게 미안한 점이 있음을 깨닫게 된답니다. 그러면 남편도 필요 이상으로 아들에게 엄해질 필요가 없어지고, 당연히 필요한 만큼만 엄해질 것입니다. 그렇게 되면 준석이 역시 아버지의 엄한 태도가 자신을 위한 것임을 깨닫고 이해하게 된답니다.

중요한 건 남편에 대한 원망이나 화는 일단 접어두는 것입니다. 실제 상담을 한다면 이 감정을 푸는 것부터 하겠지만 지금은 글로 설명할 수밖에 없으니 감정을 잠시 접어두세요. 지금 상태에서 이 감정을 남편에게 표현하는 것은 관계를 해결하는 데 도움이 되지 않거든요.

어쩌면 제 이야기를 듣고 어머님이 남편에게 미안한 부분만 생각하는 것이 약간 억울할 수도 있을 겁니다. 하지만 어머님이 남편에게 미안해하는 것으로 부부 갈등을 풀고 자식의 행동을 고칠 수 있다면, 조금 억울해도 자식을 위하는 마음으로 충분히 할 수 있으리라 생각합니다. 이렇게 미안한 마음을 깨닫는 과정을 상담에서는 '통찰'이라 하고 불교에서는 '참회'라 하며, 기독교에서는 '회개'라 한답니다.

부부간의 갈등이 해결되면 준석이에 대한 부부의 양육 태도가 달라지는 것을 느낄 겁니다. 아버님은 필요 이상으로 준석이에게 엄하지 않게 되고, 어머님 역시 편안한 마음으로 준석이를 대할 수 있을 것입니다. 이때, 어머님이 돌보는 마음, 기다리는 마음을 크게 발휘해 준석이가 '문제아'라기보다 가정의 갈등을 해결해 준 '천사'라고 생각하세요. 아이에 대한 사랑을 표현하면 품행 문제는 훨씬 빠르게 좋아집니다.

그럼 이제는 준석이의 행동에 관해 얘기해 보겠습니다.

준석이는 좌절과 불만이 있는 상황에서 자신의 감정을 조절하고, 사회가 받아들일 수 있는 방식으로 자신의 감정을 표현하는 방법을 잘 모르는 것 같습니다. 이럴 때는 준석이의 구체적 행동에 대한 상과 벌을 미리 정해 알려 주고, 일관성 있게 적용함으로써 수정할 수 있습니다. 이 일은 학교 선생님들이 전문가랍니다. 선생님에게 도움을 요청해 학교와 집에서 똑같이 적용하면 더 큰 도움이 될 것입니다.

준석 어머님, 지금은 준석이 때문에 걱정이 크겠지만, 아이들은 용수철과 같아서 눌러졌다가도 어느새 금방 튀어 오르며 회복한답니다. 준석이도 어머님의 큰 사랑으로 곧 회복되리라 믿습니다.

걱정이 너무 많아 공부할 기운이 없어요

저는 중3 여학생입니다. 연합고사가 다가오는데 걱정 때문에 성적이 자꾸 떨어져 걱정입니다. 평소에도 걱정이 많은 편인데, 고등학교 갈 생각을 하니 걱정이 더 많습니다. 고등학교에 가서 잘 다닐지, 대학 못 가면 어쩌나, 왕따를 당하진 않을지, 선생님은 어떤 분일지, 날 싫어하진 않을지, 꼴찌를 하지는 않을지…….

여섯 살 때 아버지가 집을 나간 후, 엄마 혼자 너무 힘들고 바빠서 항상 혼자 걱정하고 혼자 준비했는데, 언젠가부터 아주 사소한 일에도 걱정을 많이 해서 저녁이 되면 녹초가 되어 공부할 기운이 없습니다. 저도 필요 이상으로 걱정하는 건 알지만, 항상 뭔가 부족한 것 같아 불안한 마음을 어떻게 할 수가 없습니다. 연합고사도 봐야 하는데 걱정하느라 피곤해서 공부할 기운이 없어요. 어떻게 하면 걱정을 안 할 수 있을까요?

－경원

•• 시간을 정해 놓고
그만큼만 걱정해 보세요

경원 님, 걱정을 심하게 해서 힘들어하는군요. 저녁에 녹초가 될 정도로 걱정이 과한 것을 알면서도 불안하고 초조한 마음을 다스릴 수 없다니 정말 답답하겠어요.

통계 자료를 보면 사람들이 하는 걱정거리의 95퍼센트는 대부분이 일어나지 않을 일이나 걱정할 필요가 없는 사소한 일이라고 합니다. 게다가 그중에서 해결 가능한 걱정거리는 고작 4퍼센트 정도라니 경원 님만 걱정을 많이 하는 건 아닌가 봅니다. 다만 사람들이 걱정을 많이 한다고 해서 경원 님처럼 녹초가 되는 건 아니기에 경원 님의 지나친 걱정이 저도 걱정스럽네요.

경원 님은 어린 시절 성장 과정에서 부모님의 돌봄을 제대로 받지 못해서 그런 과도한 걱정이 생긴 것으로 보입니다. 사람은 누구나 어릴 때는 미숙하기 때문에 의존하려는 욕구가 크답니다. 그것은 당연한 욕구이며, 행복하고 충실한 삶을 살기 위해 그 욕구가 충족되는 것은 꼭 필요한 일이에요.

그런데 경원 님은 여섯 살 때 아버지가 집을 나가셔서, 엄마 혼자 너무 바쁘고 힘들게 일하셨지요. 그래서 그즈음엔 가정환경이 편하지 못했고, 이후로도 엄마가 경원 님과 함께 시간을 보내거나 돌보기에는 어려운 상황이었던 것 같군요. 안타깝게도 어린 경원 님이 혼자 어렵고 힘든 시간을 보낸 흔적이 과도한 걱정 증상으로 남은 것 같습니다. 그럼에도 경원 님은 자신의 일을 스스로 준비하며 잘 대처해 왔으니 참으로 대견합니다.

당연한 얘기지만 어린이는 약하기 때문에 어른보다 대처 능력이 떨어지고 모든 새롭고 위험한 상황에 대해 더 두려워하고 불안해할 수 있답니다. 따라서 어린 경원 님이 새롭고 위험한 상황들에 혼자 대처하기 위해서는 더 많은 걱정과 준비가 필요했겠지요. 때로는 어떤 일이 일어날 가능성에 대해 필요 이상으로 예민하게 두려워하거나 사소한 일을 더 위험하게 인식하기도 했을 거예요. 이렇게 경원 님의 어린 시절에 만들어진 과도하게 예민한 인식이 지금도 남아 있는 것으로 보입니다.

경원 님이 지금 걱정하는 내용도 실현 가능성이 별로 없는 일이라는 걸 알 수 있습니다. 경원 님은 고등학교 진학 후, 왕따를 당하거나, 선생님한테 미움을 받거나, 꼴찌를 하지는 않을까 걱정하고 있지요. 이런 일들은 실제로 일어날 가능성이 낮아요.

설령 그런 일이 일어나더라도 학생들은 대부분 그 일을 무사히 극복하고 고등학교를 졸업한답니다. 그런데도 경원 님이 그토록 고등학교 생활을 걱정하는 것은, 그런 일이 생기면 본인의 능력으로 극복하지 못할 것 같다고 자신의 능력을 과소평가하거나, 그런 일로 고등학교에 다니기 어려워질지도 모른다고 문제를 과대평가하기 때문이에요.

아직 여섯 살이었던 경원 님에게 새로운 일을 혼자 대처해야 하는 상황은 어렵고 위험했을 수 있어요. 하지만 경원 님은 지금 열여섯 살이랍니다. 새로운 상황에 적절히 대처할 수 있을 정도로 몸과 마음이 자랐으며, 다른 학생들처럼 비슷하게 일을 해내거나 더 잘해낼 수도 있는 능력을 갖추고 있습니다.

경원 님, 자신이 걱정거리를 다루는 면에서 특별히 더 예민하고 부정적이라는 것을 이해하고 걱정거리가 떠오를 때마다 자신의 생각이 비합리적이라는 것을 인식해 보세요. 도움이 되길 바라며 걱정을 조절하는 법을 알려 줄게요.

첫째, 걱정하는 시간을 정해 놓고 걱정하세요. 경원 님은 자신의 걱정이 과도하다는 것을 알고는 있지만 조절하지 못하고, 너무 오랜시간 걱정을 하는 데 에너지를 다 써서 피곤하고 기운이 없는 거랍니다. 그러니 하루 30분이나 한 시간 정도 일정하게 걱정하는 시간을 정해 놓고 몰아서 걱정해 보세요. 불안한 마음이 들거나 걱정이 시작되면 곧바로 마음속으로 '걱정하는 시간에 걱정하자'라고 되뇌며, 걱정을 잠시 미루고 하던 일에 집중하는 거예요. 이 연습을 계속하면 걱정을 조절하고 통제하는 능력이 향상될 것입니다.

둘째, 걱정인형을 만들어 걱정을 말하고 부탁하세요. 나무와 헝겊으로 만든 '걱정인형'은 어느 보험회사의 광고 덕분에 많이 알려졌지요? 본래 이 인형은 과테말라 원주민들이 만들어 낸 작고 화려한 민속인형이랍니다. 걱정이 많아 잠을 이룰 수 없는 사람들이 잠들기 전 자신의 걱정을 이 인형에게 이야기하고 베개 밑에 넣어 두고 잤다고 해요. 그런데 이러한 방법이 경원 님처럼 과도한 걱정과 불안으로 힘들어하는 사람들에게 도움이 된다는 사실이 알려지면서 미국의 일부 의료기관에서는 치료용으로도 사용하고 있다는군요. 또 이러한 아이디어에 착안한 『걱정인형』이라는 책이 나와 독서 치료에도 이용되고 있으니, 경원 님도 걱정인형의 도움을 받아 보세요.

걱정은 걱정일 뿐이랍니다. 광고 글처럼 걱정은 걱정인형이 대신할 테니 경원 님은 행복하길 바랍니다.

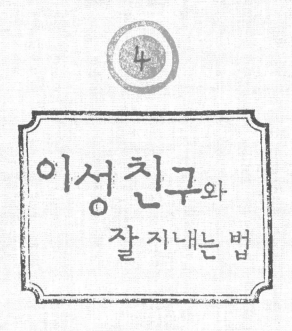

4

이성친구와
잘 지내는 법

서로를 만지고 나니 감정이 달라졌어요

중3 남학생입니다. 석 달 전 부모님이 안 계실 때 집에 여친을 불렀다가 성관계를 하게 되었습니다. 그 후로도 가끔 했는데, 여친이 자꾸 같이 있기만 원하니 부담스러워요. 여친이 다른 녀석과도 하지 않을까 의심도 들고, 아무튼 그 후 여친에 대한 감정이 달라졌습니다. 지금 헤어지면 전 나쁜 놈인가요?

– 태웅

저는 중2 여학생입니다. 좋아하는 오빠가 있는데, 한 달 전 학원 끝나고 집에 오다가 키스를 했습니다. 며칠 전에는 오빠가 제 몸을 만지려 했는데, 제가 뿌리쳤습니다. 오빠가 바람둥이라는 소문이 있어서 저도 그런 여자애 중 한 명일까 봐 겁나요. 머릿속엔 오빠 생각뿐이고, 오빠가 저를 만지는 게 좋았지만, 성관계는 싫어요. 오빠의 하나뿐인 여친이 되고 싶은데, 오빠가 자꾸 저를 만지니 성관계를 갖게 될까 봐 무서워요.

– 채연

•• 성관계 후 **남성**은 **떠나고** 싶어 하고, **여성**은 **붙잡고** 싶어 합니다

태웅 님, 여자 친구가 부담스럽고 귀찮아 헤어지고 싶은데, 성관계를 한 사이라서 죄책감이 드는군요. 채연 님은 오빠를 좋아하지만 성관계까지는 가고 싶지 않은 거고요. 그런 자신의 마음을 오빠에게 정확히 표현할 수가 없고, 오빠가 채연 님을 생각하는 마음도 진심인지 정확히 알지 못해서 답답하지요? 이 관계가 계속되면 오빠의 요구를 거절하지 못하고 성관계를 하게 될까 봐 두렵기도 하고요.

두 사람 모두 성 고민을 말하기가 어려웠을 텐데, 용기 있게 말해 줘서 고마워요. 고민 때문에 힘들겠지만, 성춘향과 이몽룡이 사랑을 나눈 나이가 이팔청춘, 즉 열여섯 살이었으니 태웅 님이나 채연 님이 성에 대해 고민하는 것은 자연스러운 일입니다. 그러나 춘향과 몽룡은 그 당시 풍속으로 결혼할 수 있는 나이였고, 태웅 님과 채연 님은 현실적으로 결혼할 수 없다는 점에서 성문제 고민에 근본적인 차이가 있답니다.

성관계와 결혼을 연결지어 생각하는 게 구태의연하게 여겨질지도 모르겠지만, 이성 간의 좋은 관계를 위해서는 심리학적으로도 결혼과 성관계를 함께 생각하는 것이 서로 간의 갈등을 줄이기 위해 바람직하답니다. 지금부터 왜 그런지 설명해 줄게요.

진화 심리학의 관점에서 보면, 남녀는 성관계에 대한 본능이 다르다고 합니다. 남자는 성관계를 많이 해 종족을 번식하려는 본능이 있고, 여자는 성관계를 통해 태어난 종족을 키우려는 본능이 있지요. 즉, 본능에 따른 이성 관계의 목표가 남성은 성관계이고, 여성은 자신과 아이를 보호해 줄 짝 찾기라는 거예요. 그래서 남성은 한 여성과 성관계를 맺기 전까지는 그 여성에게 최선을 다하지만, 성관계를 맺고 나면 그와 동시에 종족 번식을 위한 다른 목표, 즉 다른 여성을 찾는 본능이 있다는군요. 반면에 여성은 종족을 키우려는 본능 때문에 성관계 후 태어날 아이와 자신을 돌보고 보호해 줄 남성을 필요로 해 성관계를 한 남성을 붙잡고 싶은 욕구가 강해진다고 합니다.

그러니 생물학적 본능이라는 측면에서만 보면 성관계를 하면 남성은 여성을 떠나고 싶어지고, 여성은 남성을 붙잡고 싶어진다는 거예요. 그래서 성관계와 동시에 본능적 갈등이 생기지요. 이런 갈등을 줄이고 이성 관계의 안정성을 확보하기 위해 생겨난 것이 결혼 제도랍니다. 본능적 갈등을 사람의 이성으로 조절하며 가족 관계를 유지하기 위한 수단이지요. 따라서 결혼하지 않고 하는 성관계는 필연적으로 이성 간에 갈등을 일으키는 행동이랍니다.

지금까지의 설명은 두 사람 모두에게 유용할 것 같네요. 채연 님은 성관계를 원하지 않지만 오빠를 잃지 않으려면 성관계에 응해야 할지도 모른다는 자신의 판단에 오류가 있음을 알겠나요? 오빠를 잃기 싫다고 성관계를 하면 오히려 오빠를 잃을 확률이 커진답니다.

태웅 님은 여친과 성관계를 한 후, 자신의 감정이 달라진 것이 태웅 님이 나쁜 사람이기 때문이 아니라는 것을 알 수 있을 거예요. 성관계 후 헤어지는 것이 좋은 행동은 아니에요. 하지만 사람은 사람인 동시에 동물적 본능이 있으니 성관계 후 감정이 달라질 수도 있답니다. 물론 태웅 님이 여친과 헤어지고 싶은 마음은 본능에서만 비롯된 감정은 아닌 듯합니다. 여친의 의존하려는 행동이 부담스러운 것 같네요.

그러면 두 사람의 이성 관계 고민은 어떻게 해결해야 할까요?

먼저 태웅 님은 여친에 대한 태웅 님의 마음을 잘 살펴보고, 이 관계를 이어 갈지 마무리할지 결정해 보세요. 태웅 님의 고민은 성관계 자체가 아니라, 헤어지고 싶은데 죄책감 때문에 결정을 못 하는 상황으로 보입니다. 그러니 마음을 결정한 후에 실행하는 것이 순서겠지요.

만약 헤어지기를 바란다면 그러는 편이 좋아요. 이성 관계는 어른이 되어 결혼을 한 후에도 헤어지고, 아이 낳고 살다가도 마음이 맞지 않으면 이혼한답니다. 중요한 건 사랑하지 않는데도 억지로 관계를 유지하면 서로에게 더 나쁜 영향을 줄 수도 있다는 사실이에요. 이런 상태를 유지하면 태웅 님은 사랑하지 않는 여친과 사귀기 괴롭고, 여친은 자신을 사랑하는 새로운 사람과 사랑할 기회를 잃게 되겠지요. 신중히 결정하고 헤어지는 쪽으로 마음이 굳으면 솔직하게 여친에게 마음을 전해 보세요. 단, 여친이 태웅 님의 마음을 받아들일 때까지 기다려 주어야 합니다. 그래야 헤어지더라도 서로 덜 힘드니까요.

채연 님은 자기를 소중히 여기고, '오빠를 좋아하지만, 성관계는 원치 않는다'는 주장을 할 필요가 있습니다. 혹시 오빠 앞에서만이 아니라 평소에도 자기주장이 어렵다면 그건 채연 님이 어린 시절에 부모님으로부터 안정적인 사랑을 덜 받았기 때문일 수도 있어요. 이 문제에 대해서는 뒤^{136~140쪽 참고}에서 더 자세히 다루었으니 꼭 참고하시기 바랍니다.

누군가를 좋아하는 과정은 상대의 의사를 존중하고, 상대의 의견과 나의 의견을 조율하려고 노력하는 과정입니다. 오빠가 채연 님의 의사와 관계없이 억지로 성관계를 하려는 것은 채연 님을 소중히 여기는 태도가 아닙니다. 십대에게는 성관계 없이도 서로에게 긍정적 영향을 주는 관계가 바람직한 이성 관계랍니다.

채연 님이 이런 생각을 하는데도 아직 자신의 행동을 조절할 자신이 없다면, 만나는 상황을 바꿔 보세요. 둘만 만나는 시간을 줄이고, 만나는 곳도 공개적인 장소로 바꾸어 보세요. 오빠도 채연 님을 진심으로 좋아한다면 채연 님의 마음을 존중할 겁니다. 물론 이 과정이 쉽지는 않겠지만, 원치 않는 행동을 하고 좋아하는 오빠와 헤어지거나 갈등하는 것보다는 낫지 않을까요?

십대의 이성 교제는 자신에게 맞는 사람이 어떤 사람인지 탐색하는 과정이랍니다. 사랑은 일시적인 감정이 아니라 오래 참고 기다리며 서로 받아들이는 과정이에요. 긴 기다림만큼이나 큰 행복이 있는 관계가 이성 관계지요. 나와 이성 친구의 행복을 위해 서로가 성장할 때까지 기다려 주는 미덕을 배워 보면 어떨까요?

고슴도치의 사랑

외로운 고슴도치가 있었습니다. 너무 춥고 외롭던 어느 날 자기와 똑같은 고슴도치를 만났습니다. 둘은 마음을 나누며 점점 가까워졌습니다. 이렇게 마음을 나누는 친구가 있다는 사실에 둘은 행복했습니다. 더 행복해지기 위해 둘은 더 가까이 다가갔습니다. 그런데 가까이 갈수록 서로 가시에 찔려 상처가 생겼습니다. 가시에 찔리면 반사적으로 떨어졌지만, 또 가까이 가면 상처가 생겼지요.

"어떡하면 서로 가시에 찔리지 않으면서 가까이 지낼 수 있을까?"

고민 끝에 둘은 바짝 붙어 있으면서 서로에게 상처를 주는 사랑보다 상처 주지 않을 정도의 적당한 거리를 유지하면서 마음속의 사랑을 나누는 것이 더 행복하고 아름답다는 것을 알게 되었습니다. 그 뒤로 둘은 더는 아프거나 외롭지 않았습니다.

이성 교제를 할 때 각자의 성에 관한 본성을 알고 그 한계를 긋는 얘기는 반드시 나누어야 할 대화입니다. 자신의 행동에 책임질 수 없는 상태에서 이뤄지는 성관계는 서로에게 가시가 될 수 있기 때문입니다.

"(상대가) 좋아하는 것을 해 줄 때보다 싫어하는 것을 하지 않을 때, 신뢰를 얻을 수 있다"는 광고 글이 있지요. 이성 관계에도 이 글을 적용해 보면 어떨까요?

이성 친구와 잘 지내는 방법 좀 알려 주세요

저는 중3 남학생입니다. 저는 얼굴도 좀 되고 공부도 잘하는 모범생인데, 이성 친구 문제로 고민입니다. 일 년 동안 사귀었던 여친과 한 달 전에 헤어졌습니다. 사귀는 동안에도 성격이 맞지 않아 힘들었는데, 헤어질 때 여친이 저에 대해 나쁜 말을 많이 해서 맘이 안 좋았어요.

다시는 아무도 사귀고 싶지 않았는데, 지난주에 교회에서 딱 제 타입인 여자애를 만났습니다. 예쁘고 착하고 똑똑해 보였는데 아무리 생각하지 않으려 해도 계속 생각나고 머릿속을 떠나지 않습니다. 만약에 다시 누군가를 사귄다면 지난번처럼 서로 괴롭히지 않고 잘 지내고 싶습니다. 이성 친구와 잘 지내는 방법 좀 알려 주세요.

— 현대

•• 좋은 **관계**를 위해 스스로
##　　　**노력**할 준비가 필요합니다

　　현대 님, 실연의 상처를 딛고 새로운 만남을 시작하려는데, 과거의 실수를 반복하고 싶지 않군요. 이성 친구와 잘 지내는 방법은 '상대가 어떤 사람인가' 보다 '내가 좋은 관계를 위해 노력할 준비가 얼마만큼 되어 있는가'에 달렸답니다. 그런데 현대 님은 그 각오가 되어 있는 듯하고, 해결책을 묻는 걸로 보아 본인의 말대로 정말 공부를 잘하는 학생인 것 같네요.

　　그럼 지금부터 이성 친구와 잘 지내는 방법을 알려 주겠습니다.

　　첫째, 나 자신이 심리적으로 성숙한 사람이 되도록 노력하는 것이 필요합니다. 심리적으로 성숙한 사람이란 자신의 마음과 행동에 대한 이해가 높아 내가 생각하는 나와 남이 생각하는 나의 차이가 적은 사람입니다. 이런 사람은 자신과 남의 감정을 잘 이해해 서로 조화롭게 지내지요.

　　심리학자 프로이트는 사람이 좋아하는 이성을 만나는 데는 두 가지 무의식적 원인이 있다고 했습니다. 하나는 자기와 비슷한 면이 좋아서, 또 하나는 자기와 다른 면에 기대고 싶어서래요. 현대 님은 첫 번째 원인이 더 강한 것처럼 보이네요. 그런데 여기서 명심할 게 하나 있습니다. 어떤 점 때문에 상대를 좋아하게 되었을 때, 자신이 성숙하지 못하면 바로 그 점 때문에 상대를 싫어하게 될 수도 있다는 거예요.

　　현대 님이 심리적으로 성숙했다면, 자신의 외모와 공부 잘하는 면을 자부심으로 여겨 현대 님과 비슷한 여자친구도 존중하며 관계가 좋아질 겁니다. 하지만 심리적으로 미성숙하다면 좋아하기 시작한 석 달 정도는 호르몬의 영향으로 좋은 감정이 이어지겠지만, 영향력이 감소한 다음에는 힘들어질 수 있어요. 예쁜 만큼 대접해 달라는 태도가 피곤하게 느껴지거나 공부를 해야 하니 만나는 시간을 줄이자는 태도가 이기적으로 여겨질 수도 있답니다.

한편, 전 여친의 말대로 현대 님에게 나쁜 면이 있고 새 여친은 착하다고 가정해 볼까요? 서로 반대되는 면에 기대고 싶어서 좋아졌다 해도 자신의 성숙도에 따라 좋아했던 면이 싫어지는 계기가 될 수 있는 건 마찬가지예요. 만약 자신과 반대되는 착한 면 때문에 좋아졌다면 이 역시 호르몬의 영향력이 감소한 다음에는 착하기만 해서 답답하고 지루하게 느껴질 수 있습니다.

결국, 이성 친구와 잘 지내는 방법의 핵심은 자신의 심리적 성숙에 달렸습니다. 자신을 성찰하여 심리적으로 성숙하는 방법은 6장^{224~229쪽 참고}에 설명했으니 도움이 되길 바랍니다.

이성 친구와 잘 지내는 두 번째 방법은, 상대가 나에게 맞추기를 바라지 말고, 부당한 것이 아니라면 상대가 원하는 바를 들어 주도록 노력하는 거예요. 사람들은 흔히 내가 원하는 대로 상대가 바뀌기를 바랍니다. 이성 관계도 대인 관계의 하나이니 자기 의견을 말하고 갈등을 조정하는 과정이 필요합니다. 그런데 이 과정에서 상대방이 내 뜻대로 달라지지 않는다고 상대를 비난하거나 상처 주는 것이 문제입니다. 그런 과정이 반복되면 서로에게 나쁜 감정이 생기고 결국 헤어지게 되지요.

갈등을 조정하기 위해 싸움이 불가피하다면 서로 감정을 상하게 하는 말이나 행동은 피하세요. 동시에 그 싸움이 화해하기 위한 것임을 분명히 밝히고 서로의 상한 감정을 정확히 전달해 화해에 이르는 것이 중요합니다.

사람은 누가 바꾸라고 해서 쉽게 달라지는 존재가 아닙니다. 상대를 내가 원하는 대로 바꾸는 것은 거의 불가능하지요. 오히려 나를 바꾸기가 더 쉬워요. 그런데 놀라운 것은 내가 달라지면 상대도 달라진다는 거예요. 내가 마음을 다해 상대를 생각하고, 긍정적으로 이해하려 하면 상대에게도 그 마음이 전달됩니다. 생각해 보세요. 누군가 나를 긍정적으로 보고 맞춰 주려는 사람이 있다면 현대 님도 그를 좋아하게 될 것 같지 않은가요? 그런 마음으로 기다리고 내어 주려는 노력이 바로 사랑이랍니다.

세 번째 방법은, 호감을 자주 표현하는 것입니다. 우리나라 사람은 애정 표현을 잘 안 하는 편이지요. 마음이 완전히 통하는 단계에 이르면 그럴 수도 있지만, 대부분 서로의 감정이 잘 전달되지 않아 오해가 생기고 그 오해를 풀지 못해 각자 외로워한답니다. '열 길 물속은 알아도 한 길 사람 속은 모른다'는 말이 있듯, 사람의 마음은 종종 애매하게 느껴지지요. 호감을 자주 표현하는 것이 어색하고 쑥스러울 수도 있지만 이런 과정이 서로의 관계를 돈독하게 하는 역할을 한답니다.

사람들이 흔히 하는 착각 중 하나가 '이성 간의 싸움 한 번과 호감 표현 한 번이 같다'고 생각하는 거예요. 그래서 싸우고 나면 서로 한 번씩 잘해 주지요. 하지만 이런 과정은 헤어짐으로 가는 지름길이라는 게 심리학 연구로 밝혀졌답니다. 연구에 의하면, 서로 좋아하는 표현과 상처 주는 표현의 비율이 4 대 1 이하일 때 관계가 나빠졌다고 합니다. 그러니 한 번 싸웠다면 다섯 번 이상은 서로 좋아하는 표현을 해야 보상이 되는 거예요. 평소 호감을 자주 표현해 좋은 관계를 많이 저축해 두면 서로 싸우거나 힘든 일이 있어도 좋은 관계를 유지할 힘이 남아 있게 되는 셈이지요.

호감을 표현한다는 것은 '좋아한다', '사랑한다'는 말을 하는 것만을 뜻하지는 않습니다. 따뜻한 눈빛 보내기, 지지하기, 어려운 일 도와주기, 칭찬하기, 웃어 주기, 선물 주기, 부드러운 신체 접촉 같은 모든 행동이 호감 표현이지요.

이제 마지막 조언입니다. 현대 님이 이 방법들을 익혀서 열심히 노력해도 이성과 관계 맺기에서 실패할 수 있음을 기억하세요. 당연히 그런 일이 없으면 좋겠지만, 만약 또 헤어지는 일이 있더라도 그것은 현대 님의 노력이 부족해서가 아니라 십대라는 시기가 심리적으로 미숙한 때이기 때문입니다. 그러니 크게 좌절하지 마세요.

'실패는 성공의 어머니'라는 말은 이성 관계에도 해당한답니다. 현대 님이 헤어짐의 아픔을 겪고 다음 이성 관계를 위해 노력하는 과정은 현대 님을 성숙하게 하고, 좋은 사랑의 기술을 더 많이 가진 사람으로 단련해 줄 거예요.

그런 의미에서 보면 헤어진 전 여친은 현대 님을 이성 관계 맺기에 대해 공부하게 하고 성숙하게 해 준 은인이 되는 셈입니다. 그러니 이번 기회에 아프게 헤어져 준 전 여친에게 감사하고, 아름다운 이성 관계 맺기에 멋지게 도전해 보세요.

◦ ◦ ◦ ◦ ◦ 가짜 제자와 스승

작곡가이자 피아니스트인 리스트가 여행 중 어느 소도시에 들렀을 때의 일입니다. 마침 리스트의 제자라는 한 여성 피아니스트가 연주회를 한다고 마을이 들떠 있었습니다. 리스트는 반가운 마음에 연주회 팸플릿을 구해 보았으나, 전혀 모르는 인물이었습니다. 그때 한 여자가 찾아왔습니다.

"죄송합니다, 선생님. 선생님의 이름을 빌리지 않으면 저 같은 무명 음악가의 연주회에는 아무도 오지 않을 것 같아 거짓말을 했습니다. 용서해 주세요."

리스트는 그녀를 자신이 묵고 있는 호텔의 음악실로 데려갔습니다.

"겁낼 것 없어요. 단지 내가 아가씨의 연주를 한번 듣고 싶어서 그러는 것뿐이니, 긴장을 풀고, 무엇이든 자신 있는 곡으로 연주해 봐요."

그녀의 연주를 들은 리스트는 연주 평과 함께 고칠 점을 바로잡아 주었습니다.

"당신은 방금 나에게 피아노를 배웠소. 이로써 내 제자가 된 것이오. 그러니 아무 걱정하지 말고 오늘 밤 나의 제자로서 당당하게 연주하세요." *

연인 사이의 이야기는 아니지만, 이 이야기의 갈등 해법은 이성 관계에도 적용할 수 있습니다. 당신이 이 여성이더라도 잘못을 지적하는 사람보다는 마음을 헤아려 주는 리스트 같은 사람이 더 따뜻하게 느껴지겠지요?

* 『우리 사는 동안에 2』(이정하, 고려문화사)에서 재인용.

남친의 말을 거절할 수 없어 괴로워요

저는 중3 여학생입니다. 사귀는 오빠가 있는데, 뭐든 오빠가 하자는 대로만 하게 돼서 불만입니다. 오빠는 만나는 시간도, 만나서 하는 일도, 심지어 데이트에서 쓰는 돈도 모두 오빠 하고 싶은 대로만 합니다. 그럴 때마다 저는 혹시라도 오빠가 헤어지자고 할까 봐 제 사정이 있어도 말도 못하고 항상 오빠 하자는 대로 다 합니다. 오빠는 사랑한다면 상대방이 원하는 건 뭐든지 할 수 있는 거라며 자기 뜻대로 맞추라고 하지만, 저는 오빠랑 관계에서 거절할 수가 없어 괴롭습니다.

사실 저는 다른 친구들과 있을 때도 저도 모르게 눈치를 보고 착해 보이려고 제 의견을 말하지 못하는 편입니다. 속이 부글부글 끓어도 항상 친구들이 하자는 대로 하게 되어 괴롭습니다. 저는 왜 이럴까요? 자기가 하기 싫을 때 싫다고 말하는 '쿨'한 애들이 너무 부럽습니다.

- 소민

•• 남친의 주장을 배려하는 만큼 자신의 주장도 존중하고 표현해 보세요

　소민 님, 자기 의견을 말할 수 없어 괴로워하는군요. 오빠랑 관계뿐만 아니라 친구들과의 관계에서도 그렇다니 정말 답답하고 힘들겠어요.

　소민 님은 참으로 좋은 사람이에요. 많은 사람에게도 아마 그렇겠지요. 세상에서 딱 한 사람, 소민 님 자신에게만 빼고요. 그렇게 많은 사람의 눈치를 보며 모두의 요구에 맞추려 애쓰다니 소민 님의 내면이 얼마나 지쳐 있을지, 제 마음이 다 안쓰럽습니다.

　소민 님이 왜 이렇게 거절하기 어려운지 알고 싶다고 했지요? 심리학자들은 소민 님이 겪는 심리적 어려움을 어린 시절 엄마와의 관계가 불안정했기 때문에 생긴 것이라고 본답니다. 엄마의 뜻에 맞지 않는 행동을 하면 엄마와 떨어지거나 버려질 것 같은 느낌이 들어서 그런다는 얘기지요. 아이에게 엄마와 떨어진다는 것은 생존이 위험해지는 상황이에요. 따라서 그런 느낌을 어렸을 때 경험한 사람은 대인 관계에서 죽을 힘을 다해 상대방의 뜻에 맞추려 노력하게 된답니다.

　소민 님이 어렸을 때 엄마와의 관계가 어땠는지는 모르지만, 엄마가 어떤 피치 못할 이유로 어린 소민 님에게 충분한 안정감을 주지 못했거나, 바람직한 행동을 가르치려고 칭찬하고 벌을 주는 과정이 소민 님에게 견디기 어려운 두려움으로 작용했을 수 있습니다.

그러면 소민 님이 부러워하는 '쿨'한 친구들은 어땠을까요? 그런 친구들은 어린 시절 엄마의 뜻에 반하는 말이나 행동을 해도 엄마가 거리를 두거나 화내지 않고, 평소처럼 안정감 있는 태도로 이성적 가르침을 주었을 거예요. 그런 태도가 거절해도 사랑받을 수 있는 존재라는 느낌을 만들어 준 것이지요. 소민 님에게는 바로 이런 느낌이 부족해 보이네요.

그러면 소민님이 어떻게 하면 거절하고 싶은 마음을 표현할 수 있을까요?

먼저, 위에서 말한 무의식적 원인 때문에 싫다고 말할 수 없는 자신을 이해하세요. 자신을 이해한다는 건, 거절하고 싶어도 표현하지 못하고 괴로워하는 자신을 비난하거나 자책하지 않는 것입니다.

대인 관계에서 거절을 하지 않는 것 자체는 문제가 아니랍니다. 사람이 매우 성숙하여 어머니의 희생 같은 진정한 사랑을 하게 될 때는 모든 것을 내어줄 수도 있기에 그런 경우에는 항상 수락할 수도 있지요. 하지만 이성 친구 사이에는 매우 어려운 일입니다. 소민 님은 엄마처럼 희생하는 게 아닌데도 거절하고 싶을 때 수락을 하기 때문에 괴로운 것이랍니다. 거절과 수락의 기준은 자기 마음에 있습니다. 소민 님은 무의식적 상처 때문에 마음이 원하는 대로 의사 표현하는 데 큰 두려움이 있으니, 그런 자신의 마음을 헤아려 주세요.

둘째, 합리적 사고를 아는 것입니다. 소민 님은 '오빠의 요구를 거절하면 오빠를 사랑하지 않는 것이고, 그러면 오빠랑 헤어질 것'이라는 비합리적 사고를 하고 있어요. 사랑한다면 상대방이 원하는 건 뭐든지 할 수 있다는 오빠의 말은 일리가 있지만, 정작 중요한 부분이 빠져 있어요. 이 표현은 두 사람 모두에게 적용된다는 사실이에요. 오빠의 논리에는 오빠가 원하는 것만 있지 소민 님이 원하는 것은 포함되어 있지 않네요. 만약 오빠가 원하는 것에 소민 님이 원하는 것도 포함되어 있다면 소민 님에게 불만이 생길 리가 없을 테니까요.

합리적 사고는 소민 님이 오빠나 친구의 요구를 거절해도 사랑받을 수 있는 존재라고 생각하는 것입니다. 오빠가 자기 하고 싶은 대로 해도 소민 님이 오빠를 사랑하듯, 소민 님이 원하는 것을 솔직히 말해도 사랑받을 수 있는 관계가 바람직한 관계예요.

사람의 마음은 매우 다른 것 같지만, 또 같기도 해서 소민 님이 다른 사람에게 불만을 느끼는 것처럼 다른 사람도 소민 님에게 불만을 느낄 수 있답니다. 소민 님이 원하는 '쿨'한 삶을 살려면 내가 상대방에게 불만을 품어도 시간이 지나면 괜찮을 때가 있는 것처럼, 상대가 내게 불만을 품을 때도 그 순간을 견뎌 내기만 하면 좋은 관계를 유지할 수 있다는 믿음을 가지세요.

사람은 착한 행동을 해야만 사랑받는 것이 아니랍니다. 내가 나를 사랑하는 만큼 남도 나를 사랑합니다. 내가 나의 감정을 인정하고 스스로 내 감정을 편들면서 상대방에게 그 감정을 표현할 때, 상대방도 내 감정을 이해하고 맞추려 노력한답니다.

상대방에게 소민 님의 감정을 표현했을 때, 그 사람이 소민 님 마음을 받아들일 수도 있지만, 때로는 소민 님을 이해하지 못하거나 화를 낼 수도 있어요. 그럴 때는 자신에게 말하세요. "모든 사람에게 사랑받을 수는 없다. 예수님이나 부처님도 모든 이에게 사랑받지 못했다." 이렇게요.

셋째, 거절하고 싶을 때 거절해 보세요. 자신의 비합리적 사고를 알았다면 거절하고 싶은 순간에 합리적 사고를 떠올리며 거절하는 겁니다. 어쩌면 거절하는 말을 생각만 해도 가슴이 두근거려 입 밖으로 꺼내기 어려울 수도 있어요. 하지만 처음이 어렵지, 하고 나면 후련함을 느껴져 다음번 거절은 더 수월할 수 있습니다.

그런데 거절하는 데에도 기술이 필요하답니다. 거절할 마음이 있으면 그 즉시 완곡한 표현으로 말하세요. 즉시 해야 하는 까닭은 대답을 다음으로 미루면 상대방이 기대를 하게 되고, 기대가 점점 커지면 나중에 거절당했을때 크게 실망하고 배신감이 들 수 있기 때문이에요. 또 완곡한 표현을 쓰라는 건 일반적으로 거절하는 말이 그리 듣기 좋은 말이 아니기 때문이지요. 직접적인 표현보다는 "내가 하기는 어려워"라든지, "사정상 하기 힘들어"라는 식의 완곡한 표현을 쓰는 것이 상대에 대한 배려랍니다.

소민 님은 본인이 그렇게 힘든데도 다른 사람을 배려하는 참 좋은 사람이에요. 하지만 이제는 자신을 배려해 주길 바랍니다. 위의 조언들을 잘 익혀서 마음이 원하는 대로 의사 표현을 할 수 있게 되면 좋겠어요. 그러면 소민 님이 수락을 할 때는 이해심 깊고 남을 섬기는 사람으로 보이고, 수락과 거절을 적절히 표현하면 합리적인 사람으로 보이며, 거절을 많이 할 때는 소민 님이 수용할 여유가 없음을 솔직히 밝히는 용기 있는 사람으로 보일 거예요. 지금도 참 좋은 사람인 소민 님, 괴로움에서도 자유로운 그날이 꼭 오길 바랍니다.

검피 아저씨의 뱃놀이

존 버닝햄

어느 날 검피 아저씨는 배를 끌고 강으로 나왔어.

꼬마들이 물었지. "따라가도 돼요?" "그러렴. 둘이 싸우지만 않는다면."

토끼가 물었어. "나도 따라가도 돼요?" "그럼. 하지만 깡충깡충 뛰면 안 돼."

고양이가 말했어. "나도 타고 싶은데." "하지만 토끼를 쫓아다니면 안 돼."

개가 말했어. "나도 데려가실래요?" "하지만 고양이를 못살게 굴면 안 돼."

얼마 동안은 모두 신 나게 배를 타고 갔는데, 개는 고양이를 못살게 굴고, 고양이는 토끼를 쫓아다니고, 토끼는 깡충거리고, 꼬마들은 싸움을 해서, 배가 기우뚱! 모두 물속으로 풍덩 빠져 버렸지. 검피 아저씨, 개, 고양이, 토끼, 꼬마들은 모두 기슭까지 헤엄쳐, 강둑으로 기어 올라가 햇볕 아래서 몸을 말렸어.

아저씨가 "다들 집으로 돌아가자. 차 마실 시간이다" 했지. 모두 둘러앉아 차를 마시고 아저씨는 "잘 가. 다음에 또 배 타러 오렴" 했지. *

> 검피 아저씨네 배에 탄 아이들과 동물들은 모두 아저씨가 하지 말라는 짓을 해서 결국 배가 뒤집힙니다. 화가 날 법도 한데 아저씨는 또 배를 타러 오라고 말하지요. 실수해도 사랑받을 수 있다는 느낌이 들게 하는 태도입니다. 자기 자신에게 이런 태도를 보이고 있나요?

*『검피 아저씨의 뱃놀이』(존 버닝햄, 시공주니어)에서 요약 인용.

사귀는 오빠가 나쁜 걸 알면서도
헤어질 수가 없어요

저는 중3 여학생입니다. 사귀는 오빠가 나쁜 사람인 걸 알면서도 헤어질 수 없어 미칠 것 같습니다. 얼마 전 성관계까지 했는데 어떻게 해야 할지 모르겠습니다. 처음에 오빠가 한 말은 알고 보니 다 거짓말이었고, 제가 연락하면 핸드폰 꺼놓기 일쑤에다가 어쩌다 연락이 되면 바쁘다며 한 달에 한두 번 자기가 보자는 날만 만납니다. 그나마 만나도 자기 이야기만 늘어놓고 제 이야기는 들으려 하지 않습니다.

그래도 저는 제 사랑에 책임지고 오빠한테 맞춰서 오빠랑 잘 지내고 싶은데 너무도 고통스럽습니다. 이렇게 고통스러운데도 오빠와 만나는 걸 보면 제가 오빠를 정말 많이 사랑하는 거겠죠? 남들은 사랑하면 행복하다던데 제 사랑은 왜 이렇게 고통스러운 걸까요?

- 영애

•• 사랑하는 사람의 문제를 통해 나의 심리적 문제를 돌아보세요

영애 님, 사귀는 오빠 때문에 미칠 것 같다는 그 한마디만으로도 영애 님의 이성 관계가 얼마나 고통스러운지 짐작이 가네요. 오빠가 책임감 없고 나쁜 사람이라는 판단이 이미 섰는데도 본인의 사랑에 책임을 져야 한다고 생각하고 있군요.

영애 님의 사랑에 대한 생각은 맞기도 하고 틀리기도 하답니다. 영애 님은 감정을 이성으로 통제하려는 사람으로 보이니 사랑에 대한 본인의 생각을 잘 정리하면 도움이 될 것 같아 그 부분에 초점을 맞추어 이야기할게요.

사랑의 힘은 위대하지요. 모든 상처를 치유하고, 사람을 변화시키는 힘을 가졌지요. 하지만 그런 단계의 사랑은 매우 성숙한 어른이 헌신적으로 베푸는 조건 없는 사랑이랍니다. 예를 들면 어머니의 사랑이나, 예수님, 부처님의 사랑이 그런 사랑입니다.

하지만 실제 이성 관계에서는 이런 사랑이 드물어요. 오히려 이성 관계의 사랑은 동성 친구 간의 우정보다 더 조건적이기 쉽습니다. 동성 친구는 그냥 말이 통하면 친구가 되고 사귀지만, 이성 친구는 끌리는 면을 찾아 골라 사귀게 되니까요. 그 끌리는 면이 성격일 수도, 외모일 수도, 성적이나 어떤 능력일 수도 있지요. 이 모든 것이 다 조건이랍니다. 따라서 이성 관계의 사랑은 대체로 조건 없이 주는 사랑이 아니라 조건 속에서 주고받는 사랑입니다. 그리고 사랑을 주고받으며 함께 성장하는 관계가 바람직한 이성 관계예요.

서로 사랑을 주고받는 데에는 전제 조건이 있답니다. 비슷한 사람끼리 관계를 맺어야 한다는 거예요. 배드민턴 게임에 비유해 볼게요. 한 명은 잘 치고, 한 명은 못 치면 게임이 재미없거나, 아예 게임을 할 수 없겠지요? 게임이 이루어지려면 서로 비슷한 실력끼리 짝이 되어야 합니다. 또 실력이 어느 정도 이상이 되어야 게임이 재미있지요.

이성 관계도 비슷해요. 서로 비슷한 사람이 짝이 되기 쉽고, 심리적 성숙도에 따라 관계의 좋고 나쁨이 좌우되지요. 따라서 서로 심리적으로 미성숙한 경우 관계가 고통스럽기 쉽고, 심리적으로 성숙할수록 서로 성장하게 하고 발전하게 하는 관계가 된답니다.

이 원리를 영애 님의 관계에 대한 무의식에 적용해 볼게요. 오빠와의 관계가 고통스러운 건 둘 다 심리적으로 미성숙하다는 뜻이며, 오빠가 나쁜 걸 알면서도 오빠와 헤어지지 못하는 건 영애 님의 심리적 문제입니다. 여기서 심리적으로 미성숙하다는 건 영애 님에게 그런 면이 있다는 것이지 영애 님이 나쁘다거나 못났다는 의미가 아니랍니다. 영애 님은 똑똑하고 정직하며 책임감 있는 사람으로 보입니다.

만남이 고통스럽다면 사랑이 아닙니다. 지금 오빠와의 관계에서 느끼는 고통이 영애 님의 심리적 문제를 알아차리고 돌보는 기회가 되었으면 좋겠네요.

영애 님이 고통스러운데도 헤어지지 못하는 데에는 까닭이 있을 겁니다. 예를 들면 가족과 관계가 좋지 않아 오빠 외에는 사랑을 주는 사람이 없거나, 성관계를 하고 헤어지면 끝이라고 생각하거나, 타인과 관계에서 반드시 좋은 사람이 되어야 한다고 생각하거나, 자신의 행동에 반드시 책임을 져야 한다는 경직된 생각 안에 묶여 있어서 그럴 수도 있습니다. 그런 생각을 하게 된 것도 알고 보면 마음의 상처가 있기 때문이고요.

또 다른 원인은 오빠의 심리적 문제가 본인의 심리적 문제와 관계있기 때문일 거예요. 배드민턴 짝이 비슷한 실력끼리 만나는 것처럼 미성숙한 이성 관계는 심리적으로 비슷하게 미성숙한 반대쪽 짝을 찾기 쉬워요. 가령 거짓말쟁이는 의심이 많은 짝을, 이기적인 사람은 계속 희생당하는 사람을, 의존적인 사람은 자기 중심적인 사람을, 화를 내지 못하는 사람은 화내는 사람을 만나기 쉬워요. 오빠가 어떤 부분에서 심리적 문제가 있는지 살펴보면 자신이 어떤 사람인지 돌아보는 데에도 도움이 될 거예요.

서로 고통스럽게 하는 관계는 어른이 되어 결혼을 약속해도 헤어질 수 있고, 심지어 결혼해 아이 낳고 살다가도 헤어질 수 있습니다. 지금 영애 님에게 필요한 사랑은 오빠를 변화시키기 위해 오빠를 돕는 사랑이 아니라, 자신이 고통에서 빠져나오도록 자신을 돕는 사랑이에요. 수영을 못하는 사람이 물에 빠진 사람을 구하겠다고 뛰어든다면 함께 빠지게 된다는 사실을 기억하세요.

이런 생각을 하는 것이 죽을 것처럼 아플 수도 있지만, 지금은 상대방을 바꾸려 하는 것보다 이런 짝을 불러들이는 나의 미성숙함을 변화시키도록 노력할 시기랍니다. 이번에 경험한 고통이 나의 심리적 미성숙을 알게 해주는 계기임에 감사하고, 사랑에 대해 바로 알아 상대를 사랑하는 것만큼 자신을 사랑하는 법35~39쪽 참고을 배우는 기회가 되길 바랍니다.

어떻게 이별하는 것이 좋을까요?

저는 중1 여학생입니다. 며칠 전에 수행평가 때문에 친구들과 모여 있다가 같은 반 남자애에게 공개적으로 고백을 받았습니다. 그 순간 제가 너무 당황해서 "너는 싫고, 다른 남자애가 좋다"고 엉겁결에 말해버렸는데 제가 그 애에게 상처를 준 것 같습니다. 아직 제 마음을 잘 모르겠고, 앞으로 계속 볼 사이인데 어떻게 수습해야 좋은 관계로 남을 수 있을까요?

— 나운

저는 중2 남학생입니다. 여친이 있는데 이제 그 애를 봐도 예전 같은 두근거림이 없습니다. 편안한 친구로 지내고 싶은데, 어떻게 말해야 좋을지 모르겠습니다. 전에 사귀었던 여친과 헤어질 때, 여친이 아무 이유 없이 연락을 끊어서 한동안 힘들었던 기억이 있어 저는 그러고 싶지 않거든요.

— 우진

•• 이별할 때도 상대를 배려하고, 상대가 받아들일 때까지 기다려 줍니다

나윤 님, 우진 님, 두 사람 다 이성 관계에서 상대의 마음을 다치지 않게 이별하고 좋은 관계로 남는 방법을 알고 싶군요? 청소년기에는 아직 자기중심적 사고가 있어서 자신의 처지만 생각하기 쉽답니다. 그런데 거절이나 이별을 받아들이는 상대의 입장을 헤아리고 배려하고자 하는 두 사람의 마음이 참 따뜻하고 어른스럽네요.

그럼, 지금부터 좋은 관계로 남기 위한 이별 방법을 이야기해 줄게요.

첫째, 거절하거나 이별하고 싶은 마음의 결심이 섰다면, 상대를 만나 얼굴을 보며 말하세요. 아직 미숙한 청소년기에는 그냥 연락을 끊거나 상대가 싫어할 만한 못된 행동으로 감정에 상처를 남기며 헤어지기 쉽답니다. 하지만 이런 행동은 우진 님의 말처럼 당하는 사람의 마음을 힘들게 하고 상처를 남기지요.

이성 관계란 가족 다음으로 친밀하기 쉬운데 이런 관계가 어느 날 갑자기 단절되는 건, 마치 아이가 이유도 모르는 채 부모로부터 버림받는 것과 비슷합니다. 얼마나 상대를 힘들게 하는지 짐작이 되지요? 당하는 사람은 분노와 자책을 느끼다 절망감을 경험한답니다. 최악에는 죽음을 생각하기도 하고요.

이성 관계를 끊기로 결심이 섰더라도 얼마 전까지는 매우 소중한 사람이었으며 서로 좋은 감정이 있던 관계임을 기억한다면 얼굴을 보며 자신의 마음을 이야기하는 것이 최소한의 배려임을 느낄 수 있을 거예요.

둘째, 사귀지 못하는 이유가 나에게 있다는 것을 전제로 솔직한 감정을 말해 보세요. 나윤 님처럼 자신의 감정을 잘 모를 수도 있고, 우진 님처럼 어떻게 말해야 좋을지 모를 수도 있어요. 상대방은 자신을 좋아하니 미안한 마음에 솔직하게 말하기 어려울 수도 있지요. 하지만 솔직한 마음을 그대로 전달하는 것이 관계에서 최선이랍니다. 내가 솔직하게 감정을 전달할 수 있으면, 그다음은 상대방의 일입니다.

나윤 님은 아직 자신의 마음을 잘 모른다니 지금이라도 할 수만 있으면 "네 말은 참 고마워. 하지만 아직 내 마음은 잘 모르겠어. 바로 답해 주지 못해 미안해"라는 식으로 말해 보세요. 혹시 같은 반 친구로 편하게 지내고 싶은 마음이 정해졌다면 "나도 네가 좋지만 아직 사귈 만큼은 아니니 친구로 지내자"고도 말할 수 있을 거예요. 좋아하는 다른 사람이 있다면 "나를 좋아해 줘서 고마워. 하지만 나는 ○○을 좋아해. 미안해" 이런 식으로 말할 수도 있고요.

우진 님은 헤어짐의 원인이 상대방이 아니라, 나에게 있다는 것을 말하는 게 좋을 것 같아요. "너랑 이성 친구로 지내는 게 좀 부담스러워. 네게 문제가 있는 게 아니라 내가 아직은 준비가 덜 된 것 같아. 할 수만 있으면 그냥 좋은 친구로 지내고 싶어." 이런 식으로 말이에요. 그리고 상대방이 그 말을 받아들이기 어렵더라도 다시 한 번 헤어짐의 원인이 우진 님의 감정에 있다고 말하는 것이 상대를 배려하는 태도랍니다. 그것이 사실이기도 하고요. 상대가 변한 것이 아니라, 상대에게 느끼는 내 마음이 변해서 헤어지는 것이니까요.

셋째, 거절이나 이별을 말한 후, 상대방이 받아들일 때까지 기다렸다가 헤어지세요. 누군가에게 거절당하거나 이별의 말을 듣는 것은 쉽게 받아들이기 어려운 일입니다. 심리적 충격이 큰 만큼 충격이 가라앉으려면 시간이 필요하지요. 거절을 당하거나 이별의 말을 들은 상대방은 서운해하거나 분노하거나 원망할 수 있어요. 하지만 모든 감정이 그러하듯 시간이 지나면 강물처럼 흘러가게 마련이고, 그 시간은 생각보다 그리 길지 않답니다. 그런 감정이 흘러가고 나면 조금은 편안한 감정과 기억들이 남지요. 그때가 서로 이성 관계에서 벗어나 편안한 관계로 바뀌기 좋은 시점이에요.

이것이 서로 배려하는 헤어짐의 과정입니다. 만약 이런 과정을 잘 보낼 수 있다면 이성 관계였던 친구가 그 이상으로 친밀한 인간관계로 발전할 수도 있지요. 영화나 드라마를 보면 가끔 정말 '쿨'하고 편한 이성 친구를 볼 수 있습니다. 그런 관계가 흔하지는 않지만 불가능한 것도 아니랍니다.

세상에서 남성과 여성은 이성 관계로만 존재하는 것이 아니라, 때론 친구로, 때론 동료로, 때론 경쟁자로 존재합니다. 나윤 님과 우진 님처럼 상대를 배려하는 마음은 이성 친구 관계도 동성 친구처럼 친밀한 관계를 유지할 수 있게 하는 좋은 밑바탕이 될 거예요.

뚱뚱해서 친구들이 싫어해요

중1 여학생입니다. 저는 뚱뚱한 외모 때문에 고민입니다. 원래 이 정도는 아니었는데, 초등 5학년 때부터 살이 찌기 시작하더니 지금은 우리 반에서 가장 키가 크고 뚱뚱합니다. 그래서 그런지 애들은 자꾸 저를 '뚱땡이'라고 놀립니다. 친구들이 그렇게 놀릴 때 속으로는 화가 나지만 창피하기도 해서 가만히 있었는데, 이젠 애들이 아예 대놓고 놀립니다. 저도 여자이고, 뚱뚱해서 제일 창피하고 속상한 건 바로 저 자신인데, 자꾸 애들이 놀리니 너무 속상합니다. 그럴 때면 손바닥이나 겨드랑이에 땀까지 나서 혹시라도 애들이 땀내 난다고 할까 봐 제가 먼저 애들을 피하기도 하고요. 저도 남친도 사귀고 여자친구들이랑 어울려 다니고도 싶은데, 창피해서 얼굴을 못 들고 다니겠습니다. 왜 사람들은 뚱뚱한 사람을 싫어하죠?

－경미

•• 내가 먼저 외모에
당당해지도록 노력해 보세요

경미 님, 한참 외모에 민감해지는 나이인데, 뚱뚱한 외모 때문에 고민이 많이 되는군요. 왜 사람들은 뚱뚱한 사람을 싫어하느냐고 물었지요? 사회 심리학에서는 사람이 진화하는 과정에서 본능에 따라 건강한 사람을 매력적으로 여기는 성향이 있기 때문이라고 합니다. 건강하면 조화롭고 보기 좋으니, 외모가 좋은 사람은 곧 건강한 사람이라고 생각해 좋아한다는 것이지요.

그렇다고 사람들이 뚱뚱한 사람을 무조건 싫어하는 건 아니랍니다. 대인 관계에 영향을 미치는 요인은 뚱뚱한 외모 자체보다는 그 사람이 자신의 외모를 어떻게 인식하는가와 더 관계있어요. 뚱뚱한 것은 못났으니 창피하다고 여기는지, 아니면 뚱뚱해도 사랑받을 수 있다고 여기는지가 바로 그 차이지요.

경미 님은 자신이 뚱뚱한 것이 창피해서 얼굴을 못 들고 다니겠다고 했지요? 경미 님이 중요한 진실을 놓치고 있는 것 같네요. 경미 님은 뚱뚱해도 사랑받을 수 있는 존재랍니다.

자기가 자신을 어떻게 대접하는지에 따라 남들도 자신을 같은 방식으로 대접한답니다. 내가 나를 당당히 여기면 남들도 나를 당당히 여기고, 내가 나를 창피해하면 남들도 나를 창피해합니다. 경미 님의 외모가 뚱뚱할지는 몰라도 부모님께 경미 님은 둘도 없이 귀한 자식이고, 친구들한테도 소중한 존재입니다. 저한테도 귀한 내담자이고요.

어쩌면 경미 님이 자신의 외모를 창피하게 여기는 데에는 부모님의 마음의 영향이 있을 수도 있습니다. 경미 님이 건강하기를 바라는 부모님의 마음이 경미 님의 외모가 창피하다는 의미로 잘못 전달되었을 수도 있으니까요. 물론 그러지 않으셨겠지만, 혹여 그러셨더라도 이젠 부모님의 영향에서 벗어나 '나는 외모와 관계없이 귀한 사람'이라며 자신을 소중히 여기세요.

요즘 인기 있는 텔레비전 프로그램인 〈개그 콘서트〉의 '네 가지'라는 코너에는 뚱뚱한 남자가 등장해요. 저도 그를 참 좋아하는데요, 그는 자신의 외모에 당당합니다. "그래, 나 뚱뚱하다. 내가 이 뱃살 만드느라 얼마를 투자했는데!" 이런 식이에요. 뚱뚱하다고 기죽거나 창피해하지 않습니다. 외모는 외모일 뿐, 뚱뚱한 것이 수치스러운 것은 아니라는 태도입니다. 그렇게 자신의 외모를 당당하게 인정하고 개그의 소재로까지 쓰는 그의 유머에 사람들은 박수를 치며 공감합니다.

또 코미디언 중에 김신영이라는 사람이 있지요? 그는 '뚱뚱한 여자는 이성 친구로 적절하지 않다'는 편견 때문에 오히려 이성 친구들과 동성 친구처럼 편하게 지냈다고 해요. 그러다가 상대 이성 친구에게 어려운 일이 있을 때 그의 마음을 공감해 주면서 귀여운 모습을 보여 많은 이성에게 인기가 있다는 일화를 전했답니다.

자신의 외모를 인정하고 당당할 때 남도 나를 인정하고 당당하게 본다는 걸 잘 말해 주고 있지요?

처지를 바꾸어 생각해 보세요. 경미 님의 친구 중 누군가가 자기의 외모를 창피해하고 괴로워하며 고개를 푹 숙이고 다닌다면 어떻게 보일까요? 아마 말 붙이기 어렵고 다른 사람보다 더 어두워 보여 오히려 눈에 띨 것 같지요?

이번엔 자신의 행동을 어떻게 바꾸고 싶은지도 떠올려 보세요. 창피한 마음이 드는 순간 차라리 '그래, 난 좀 뚱뚱해. 그래서 뭐? 이만하면 괜찮지. 나 알고 보면 정말 괜찮은 사람이야' 이런 말을 자신에게 하며 웃어 보는 건 어떨까요.

경미 님이 얼마나 뚱뚱한지는 잘 모르겠지만, 경미 님은 본인의 땀내까지 신경 쓸 정도로 남을 배려하는 세심한 마음을 가졌습니다. 또 본인의 고민을 솔직히 털어놓으며 조언을 구할 줄 아는 용기도 있는 사람이에요. 자신의 외모에 대한 생각을 하루아침에 바꾸기는 어렵겠지만, 경미 님은 충분히 사랑받을 만한 사람임을 항상 떠올리며 당당히 어깨를 펴면 좋겠어요. 다만 비만은 각종 질병의 원인이 될 수 있으니 건강을 잃지 않도록 노력하고요. 운동과 식이요법이 최고의 비법이라는 건 경미 님도 잘 알지요?

그리고 식은땀이 나는 증상은 많은 사람들이 긴장한 상황에서 경험하는 증상입니다. 체격이 있는 사람은 더 눈에 띨 수 있지만 그것이 사람을 피할 만한 일은 아님을 기억하면 좋겠어요. 만약 정도가 심하다면 다양한 치료법이 있으니 혼자 고민하기보다 부모님과 상의하는 편이 좋겠고요.

남친도 사귀고 친구들과 어울려 다니고도 싶다고 했지요? 경미 님이 원하는 삶을 살아갈 힘은 경미 님 안에 있답니다. 외모와 상관없이요. 과거에 외모 때문에 속상했던 일들은 모두 용서하세요. 그리고 지금부터 '네 가지'에 나오는 뚱뚱한 남자처럼 당당하게 세상을 향해 웃으세요. 내가 웃으면 세상도 나를 향해 웃는답니다.

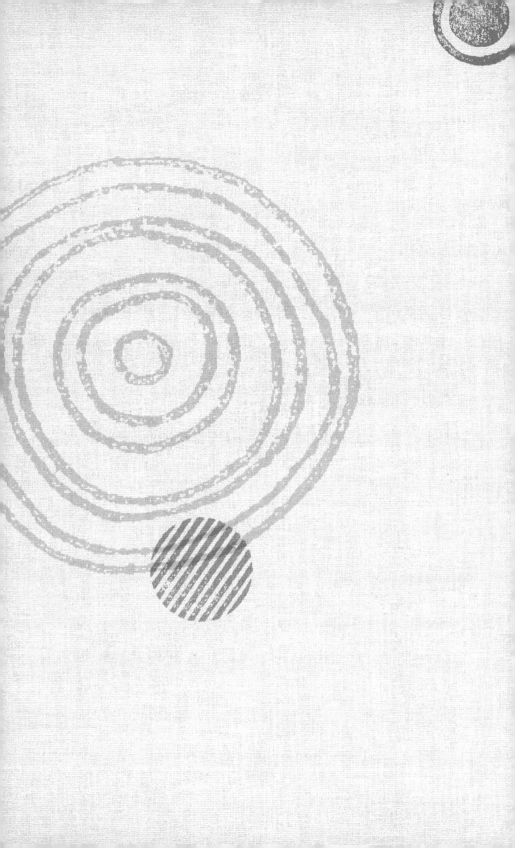

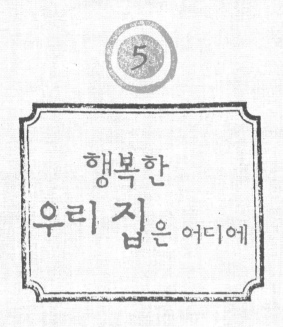

5

행복한
우리 집은 어디에

아버지 때문에 미칠 것 같습니다

저는 중1 남학생입니다. 우리 아버지는 엄청 강압적이고 권위적입니다. 뭐든 아버지 뜻대로 하지 않으면 욕을 하고 무섭게 변합니다. 아버지는 항상 "없는 놈은 공부라도 잘해야 한다", "반드시 서울대에 가야 한다"며 열심히 공부하라고 하십니다. 아버지 말씀이 어느 정도 일리는 있지만 정말 서울대를 가야만 성공인가요? 저는 컴퓨터 게임을 좋아하는데 좋아하는 걸 하면서 성공할 수는 없나요? 아버지는 제가 게임하는 걸 엄청 싫어합니다. 그래서 주말 외엔 아예 컴퓨터를 켜지도 못하게 해요. 아버지는 허구한 날 주식에 빠져 있으면서 말입니다.

어제는 성적이 떨어진 게 스마트폰 탓이라며 제 스마트폰을 바닥에 던져 부쉈습니다. 억울하고 화도 났지만 '대들면 죽겠구나!' 싶어 끽소리 않고 빌었습니다. 이런 식으로 살기 너무 싫은데 불쌍한 엄마 때문에 죽을 수도 없고 정말 미치겠습니다. 저도 남들처럼 좋은 아버지가 있었으면 좋겠습니다.

— 기준

아들에게 **아버지**는 경쟁자이기도, **닮아가는** 대상이기도 합니다

기준 님, '아버지 때문에 미칠 것 같다'는 말이 저를 아프게 합니다. 아버지가 벽처럼 느껴졌나 봐요.

서울대를 가야만 성공이냐고 물었지요? 기준 님은 이미 답을 알고 있는 것 같네요. 성공의 기준은 사람마다 다르지만 좋은 학벌을 갖는다면 당연히 좀 더 성공에 유리한 조건이 될 수도 있겠지요. 그러나 서울대를 가야만 성공이라는 생각은 너무 편협한 사고랍니다.

서울대를 가야만 성공이냐는 질문을 들으니 그걸 묻는 기준 님의 사람됨에 더 관심이 갑니다. 기준 님은 어른들이 주입하는 성공의 논리를 그대로 받아들이지 않고 구체적 개념에 대해 생각하는 논리적이고 사고력이 깊은 학생인가 봅니다. 컴퓨터 사용에 관한 아버지의 이중성을 비판하는 걸 보면 냉철한 면도 있고, 엄마를 가여워하는 걸 보면 남을 배려하는 어른스러운 면도 있고요.

기준 님, 좋은 아버지를 갖고 싶다고 했지요? 머리가 냉철한 만큼 가슴도 강해지도록 심리학에서 보는 아버지와 아들 관계를 이야기해 줄게요.

'오이디푸스 콤플렉스'라는 말을 본 적이 있나요? 아들이 어머니에게 애정을 느끼고 아버지에게는 질투와 혐오의 감정을 품는 경향을 말합니다. 오이디 푸스 신화에서 유래한 이 개념에 따르면 아버지와 아들은 적과 같은 경쟁 관계랍니다. 신화에서는 아버지가 신탁을 듣고 아들을 내다 버리고, 아들은 커서 아버지를 죽이지요. 너무 살벌하게 들릴지 모르지만, 그만큼 아버지와 아들의 관계는 무의식적으로 쉽지 않다는 뜻이에요.

실제로 많은 아들이 기준 님처럼 아버지와의 불편한 관계 때문에 고민한답니다. 그 갈등을 극복하는 과정이 성장하는 과정이고요. 그러니 좋은 아버지에 대한 환상은 버리세요. 그리고 아버지와 아들의 갈등은 보편적인 현상이라는 것을 기억하세요. 미칠 것 같은 감정이 조금은 줄어들 거예요.

상담가인 제 판단으로 지금 상담의 도움을 먼저 받았으면 하는 사람은 아버님입니다. 아버님의 상처가 깊어 보이기 때문입니다. 아버님이 상담의 도움을 받으시면 기준 님의 상처는 좀 더 빨리 치유될 거예요. 하지만 사정이 그렇지 못하더라도 낙담하지 마세요. 아무리 힘든 상황에 있어도 자신의 삶을 헤쳐나갈 힘은 기준 님 내면에 있답니다.

기준 님이 할 수 있는 첫 번째 일은, 아버지를 무서워하는 정도가 어느 정도인지 점검하는 것입니다. 아버지가 가족을 때리지 않고, 가족들 역시 지혜롭게 대처할 수 있는 정도라면 기준 님 스스로 자신을 잘 돌보는 모습이 아버지에게 긍정적인 힘을 전달할 겁니다. 그러나 아버지가 가족을 때리고 가족 전체가 힘들어한다면, 경찰이나 외부 기관에 도움을 청하는 것도 생각해 보세요.

둘째, 자신의 마음속 상처를 돌보세요. '대들면 죽겠구나!'라는 생각이 들었을 정도면 스마트폰이 부서지는 동안 자아도 부서지는 느낌을 받았을 거예요. 상처받은 마음을 꾹 누르며 아무 일 없는 척하지 말고, 그렇다고 분노로 자기 인생을 허비하지도 마세요. 상담의 도움을 받으면 좋겠지만, 상황이 허락하지 않는다면 가까운 사람이나 신神에게 마음을 털어놓고 지지와 위로를 구하세요.

그것도 여의치 않다면 자신에게 편지를 써 억울한 마음, 분노, 무력감 등을 인정하고 스스로 위로하는 것도 좋아요. 상처는 드러내고 치유하는 것이 좋답니다. 가리고 묻어 두면 더 고통스러워질 수 있거든요.

셋째, 자신의 진로에 대한 내면의 목소리에 귀를 기울여 보세요. 지금 기준 님에게 가장 중요한 것은 스스로를 소중히 여기며 자신의 길을 찾는 것이랍니다. 아버지와의 갈등이 기준 님의 인생을 망가뜨리도록 허락하지 마세요. 그 무엇도 기준 님을 미치게 할 수는 없답니다.

넷째, 아버지에 대한 기대를 접고, 기회가 있을 때 아버지에게 솔직한 감정을 전해 보세요. 물론 지금은 상상하기도 어렵겠지요. 나중에 마음이 조금이라도 편안해지거든 솔직한 감정을 말씀드리는 게 좋습니다. 어려우면 편지 같은 것을 통해서라도요. 아버지 반응이 좋지 않더라도 기준 님의 감정을 표현하는 것만으로도 답답함이 좀 풀릴 거예요.

끝으로, 언제라도 감정이 편안해지면 아버지와 처지를 바꾸어 생각해 보고 아버지를 용서하세요. 받아들이기 어렵겠지만, 아버님의 그런 행동도 모두 아버지의 못난 사랑이랍니다. 폭력을 쓰는 사람은 약한 사람이에요. 기준 님에게 아버지는 강해 보이겠지만, 사실은 외로움, 분노, 좌절감 등 상처가 많은 분입니다. 단지 자식에게 사랑을 전하는 방법이 무섭고 강압적일 뿐이지요.

기준 님, 고통이 축복으로 변화하는 과정은 음식이 썩어서 발효해 최고의 음식이 되는 과정과 같답니다. 끊임없는 노력과 기다림이 최고의 것을 만들어 내지요. 그리고 기준 님이 허락하지 않는 한 누구도 기준 님에게 어떤 영향도 줄 수 없습니다. 저는 기준 님이 자신에게 최고의 것을 허락하리라 믿습니다.

아버지의 큰 사랑

전 경북대 총장 박찬석

나의 고향은 경남 산청이다. 지금도 비교적 가난한 곳이다.

아버지는 가정 형편도 안 되고 머리도 안 되는데도 아들인 나를 대구로 유학을 보냈다. 대구중학을 다녔는데, 공부가 하기 싫었다. 그 결과는 1학년 여름방학 때 성적표로 나타났다.

1학년 8반, 석차 68/68. 꼴찌를 했다. 부끄러운 성적표를 갖고 고향으로 가는 어린 마음에도 아버지를 생각하면 그 성적표를 내밀 자신이 없었다. 당신이 교육을 받지 못한 한을 자식을 통해 풀고자 했는데, 꼴찌라니……. 끼니를 제대로 잇지 못하는 소작농이면서도 아들을 중학교에 보낼 생각을 한 아버지를 생각하면 그냥 있을 수 없었다.

잉크로 기록된 성적표를 석차 1/68로 고쳐 아버지에게 보여 드렸다. 아버지와 어머니는 보통학교도 다니지 않았으므로 내가 1등으로 고친 성적표를 알아차리지 못했다. 참으로 다행한 일이었다.

대구로 유학한 아들이 집으로 왔으니 친지들이 몰려와 "찬석이는 공부를 잘했더냐?"고 물었다. 아버지는 "앞으로 봐야제. 이번에는 1등을 했는가배" 했다. 친척들은 "명순이^{아버지}는 자식 하나는 잘 뒀어. 1등을 했으면 책거리를 해야제" 했다. 당시 아버지는 처가살이를 했고, 우리 집은 동네에서 가장 가난한 살림이었다.

이튿날 강에서 멱을 감고 돌아오니, 아버지는 한 마리뿐인 돼지를 잡아 동네 사람을 모아 놓고 잔치를 하고 있었다. 그 돼지는 우리 집 재산 목록 1호였다. 기

160 14살 마음의 지도

가 막힌 일이 벌어진 것이다.

"아부지……" 하고 불렀지만 다음 말을 할 수가 없었다. 그리고 달려나갔다. 등 뒤에서 나를 부르는 소리가 들렸다. 겁이 난 나는 죽어 버리고 싶은 마음에 강물 속에서 숨을 안 쉬고 버티기도 했고, 주먹으로 내 머리를 내리치기도 했다.

충격적인 그 사건 이후 나는 달라졌다. 항상 그 일이 머리에 떠올랐기 때문이다. 그로부터 17년 후 나는 대학교수가 되었다. 그리고 나의 아들이 중학교에 입학했을 때, 그러니까 내 나이 마흔다섯 살이 되던 날, 부모님 앞에 33년 전의 일을 뒤늦게 사과하기 위해 "어무이, 저 중학교 1학년 때 1등은요……" 하고 말을 시작하려는데, 옆에서 담배를 피우시던 아버지가 "알고 있었다. 그만해라. 민우^{손자}가 듣는다"고 하셨다.

자식이 위조한 성적을 알고도 돼지를 잡아 잔치를 하신 부모님 마음을, 박사이고 교수이고 대학 총장인 나는 아직도 감히 물을 수가 없다. *

아버지의 마음은 이런 것입니다. 그것이 바람직한 방법으로 표현되었건, 바람직하지 못한 방법으로 표현되었건 말입니다.

*「한국일보」 2002년 6월 9일자 인용.

형제에게 질투가 나고 미워요

저는 중2 여학생입니다. 제 여동생은 4학년인데, 철이 없고 막무가내라 짜증 납니다. 가끔 제 간식을 빼앗아 먹기도 하고, 놀아 달라고 조르며 제 시간을 빼앗습니다. 동생이 떼쓰기 시작하면 저는 싫어도 양보하는데, 동생은 제 말을 잘 듣지 않습니다. 어떨 땐 화가 나서 동생을 혼내기도 하는데, 그러면 울면서 엄마한테 일러바쳐 저를 혼나게 합니다.

그런데 동생은 저랑은 다르게 항상 지 마음대로 행동하는데도 애교가 많아서인지 부모님이나 다른 사람들은 저보다 동생을 더 사랑하는 것 같습니다. 그런 걸 느낄 때면 철없는 동생이 한편으로 미우면서 질투가 나고 부럽기도 합니다. 저는 항상 내 마음대로 못 하는데……. 저도 동생처럼 맘대로 하면서 사랑도 받고 싶습니다.

- 가영

저는 중3 여학생입니다. 언니는 고2고요. 언니는 나보다 공부도 잘하고 얼굴도 예뻐 늘 엄마의 자랑입니다. 그래서인지 엄마는 언니만 예뻐하고, 언니를 아는 사람들은 다 저를 ○○의 동생이라고만 부릅니다. 저한테도 은실이라는 이름이 있는데 말입니다. 그럴 때마다 겉으론 웃지만 속으론 질투가 나고 화도 납니다.

사실 언니는 뭘 도와달라고 해도 잘 도와주지 않고, 자기밖에 모르는 이기주의자입니다. 집안 형편이 어려워서 전 필요한 게 있어도 항상 참는데, 언니는 엄마에게 다 사달라고 하고, 지 맘에 안 들면 신경질 내고 화를 냅니다. 그런 인간이 왜 내 언니인지, 정말 짜증 나고 밉습니다.

– 은실

●●●● 형제자매는 본능적으로 경쟁하는 관계, 자신의 강점을 확인하고 감사해 보세요

가영 님, 은실 님, 나보다 사랑받는 동생이, 나보다 잘난 언니가 많이 밉지요? 우리는 어릴 때부터 형제지간에 사이좋게 지내고 서로 사랑하라고 배웁니다. 물론 그래야 하고 그렇게 되어야겠지만, 부모님과의 관계만큼이나 형제 관계 때문에 힘들어하는 사람이 많답니다. 그만큼 형제 관계가 무의식적으로 복잡하다는 뜻이지요.

심리학에서 보는 형제 관계는 어떨까요? 진화 심리학에 따르면 형제자매는 자신의 생존을 위해 부모님이 줄 수 있는 재화와 사랑을 나눠 가져야 하는 경쟁 관계라고 합니다. 재미있는 점은 형제자매는 이 경쟁에서 항상 자신의 몫이 부족하다고 느낀다는 거예요.

엄마가 형제에게 떡을 나누어 준다고 가정해 볼게요. 형제는 둘 다 엄마의 유전자를 똑같이 가진 자식이기에 엄마는 떡을 똑같이 주려고 합니다. 그런데 형제의 마음은 다르다고 하네요. 형제는 자신의 것은 3분의 2쪽, 다른 형제의 것은 3분의 1쪽이 되어야 만족한답니다. 왜 그럴까요?

모든 사람은 자신의 유전자를 남겨 생존하고 싶어 합니다. 그런데 자기는 자신의 유전자와 100퍼센트 관련이 있지만, 형제는 자신과 유전자를 나누어 가진 비슷한 사람이기에 자신의 유전자와 50퍼센트만 관련 있다고 여긴답니다. 따라서 전체를 150퍼센트로 생각하고, 자신의 몫은 100퍼센트, 즉 케이크 3분의 2쪽, 형제의 몫은 50퍼센트, 즉 케이크 3분의 1쪽이 되어야 만족한다는 것이지요. 하지만 엄마는 항상 반반씩 주려고 하니 자신의 몫은 늘 원하는 것보다 부족하다고 느낄 수밖에 없다는군요.

이처럼 형제는 본능에 따라 경쟁하는 관계이고, 대부분 형제들은 이 관계에서 상대적으로 사랑을 적게 받았다고 느껴 서로 시기하고 질투한답니다.

형제간 경쟁 관계에서 나타나는 질투심을 잘 조절하고 서로 좋은 관계로 지내는 방법은 없을까요? 정신분석학자 멜라니 클라인은 시기심과 질투심을 연구해, 시기심을 극복하는 방법으로 '감사하는 마음 갖기'를 권했답니다. 상대적으로 내가 못 가진 것을 질투하기보다 자신이 더 가진 것을 발견하고 감사하라는 뜻이지요.

지금부터 이 방법을 염두에 두고 두 사람의 고민을 나누어 볼까요?

먼저 가영 님, 동생 때문에 많이 힘들지요? 자매간 성격이 많이 다른가 봐요. 가영 님은 신중하고 이성적인데, 동생은 좀 더 자유롭고 감정적인 것 같아요. 그것은 기질적 원인도 있지만, 아마 부모님의 양육 태도에 따른 차이도 있을 겁니다. 부모들은 첫째를 키울 때 처음이라는 부담 때문에 엄격하게 키우는 경향이 있거든요. 하지만 자식을 키우다 보면 아이의 자율성에 대한 신뢰가 커지면서 점점 관대해지지요. 가영 님이 첫째인 까닭에 동생보다 엄격하게 자랐고, 그 결과 욕구를 억압하는 성격이 형성되어 상처로 남은 듯합니다.

동생과 싸웠을 때도 상처를 받은 듯 보이네요. 동생 때문에 화가 난 상태인데 오히려 엄마에게 혼났다니, 동생 앞에서 무시당하는 기분이 들었을 수도 있겠어요. 물론 엄마는 동생을 약자로 생각해 보호하려 한 행동이었겠지만요.

가영 님의 심리적 성장을 위해 짚고 넘어가야 할 게 있습니다. 혹시 이 과정에서 부모님에게 생긴 화가 동생에게 향하는 건 아닌지 돌아보세요. 그렇다면 동생과의 갈등이 점점 심해져서 결국 가영 님이 더 힘들어질 가능성이 있거든요. 이런 경우엔 할 수만 있다면 부모님께 자신의 억울함과 괴로움을 말씀드리고 도움을 청하는 것이 좋답니다.

동시에 동생에 대한 질투 감정을 다스리세요. 동생의 처지에서 보면 가영 님은 자신이 태어나기 전부터 '내가 가장 받고 싶은 부모님의 사랑을 독차지해 온 사람'이며, '모든 면에서 나보다 뛰어난 경쟁자'랍니다. 네 살이나 어린 동생에게 가영 님은 절대 따라잡을 수 없는 상대처럼 느껴질 거예요. 그래서 자꾸 가영 님의 것을 빼앗으려 하지요. 동생의 마음이 좀 느껴지나요?

가영 님은 동생의 애교와 자유로움을 부러워하지만 제가 보기에 가영 님은 상황에 따라 욕구를 절제할 줄 알고, 사리분별이 밝으며, 이성적이고 신중하게 행동하려는 사람 같아요. 그러니 자신이 못 가진 면보다 가진 면을 바라보며 감사하도록 노력해 보세요. 그 과정이 질투의 감정을 좀 편안하게 한답니다.

다음은 은실 님, 언니에게 화가 많이 났군요. 언니 때문에 자신의 존재가 그토록 가려졌다니 자존심이 상했겠어요. '지'나 '그런 인간'이라는 표현에서도 언니에 대한 감정이 얼마나 안 좋은지 느껴집니다.

그런데 언니가 왜 그런 모습을 보이는지 아세요? 은실 님 말대로 언니가 예쁘고 공부는 잘해도 사람들의 감정을 잘 헤아리지 못한다면 과도한 자기애 34~39쪽 참고를 가졌을 가능성이 높습니다. 과도한 자기애는 부모님의 정서적 돌봄이 부족한 경우 그 욕구 결핍 때문에 나타난답니다. 은실 님의 눈에는 언니가 엄마의 사랑을 독차지하는 듯 보이니 이 말이 쉽게 받아들여지지 않지요?

사람을 정서적으로 편안하게 하는 것은 조건 없는 사랑과 이해입니다. 그런데 언니가 예쁘고 공부를 잘해서 엄마의 자랑이 되었다고 하니, 언니가 느끼는 사랑은 엄마가 원하는 기대와 조건에 맞추어야 받을 수 있는 조건적 사랑이 아니었나 싶어요. 엄마가 조건 없는 사랑을 잘 전달해 주고 있다면, 외모나 성적과 상관없이 은실 님도 언니와 같은 사랑을 받는다고 느낄 테니까요.

엄마는 성장을 위한 격려의 뜻으로 그러셨겠지만, 언니는 자신의 욕구를 희생하고 엄마의 바람을 채워 드려야 사랑받을 수 있다고 여겼을 겁니다. 그래서 엄마가 원하는 사람이 되려고 애쓰느라 지금 여유가 없는 상태이고요. 반면 은실 님은 언니 때문에 상처를 받았는데 배려가 깊고, 인내심이 있으며, 주변 사람들과 조화롭게 지내려고 애쓰는 사람으로 보이네요.

은실 님, 사람이라면 누구나 각자 다른 상처와 장점이 있답니다. 은실 님은 언니보다 사랑받지 못해 속상하고 언니는 조건적인 사랑을 받아 힘들어하는 동시에 각자 다른 장점을 가지고 있지요. 언니 때문에 화가 나고 질투하는 심정은 충분히 이해됩니다. 하지만 그 탓에 자기 마음을 얼룩지게 하기보다 자신이 가진 것을 바라보고 감사하는 편이 은실 님의 행복에 도움이 된답니다.

미움은 사랑의 다른 표현이에요. 형제자매는 서로 경쟁하고 질투하지만, 사랑하기에 미움도 생기지요. 이번 기회에 미움 뒤에 숨은 사랑을 찾아보면 어떨까요?

아빠 험담하는 엄마 때문에 힘들어요

저는 중2 남학생입니다. 우리 엄마는 매일같이 저를 붙들고 아빠 험담을 합니다. 제가 보기에 아빠는 가끔 화를 내시고 무뚝뚝하지만 나쁜 분은 아닌데 말이에요. 아빠가 젊었을 때 사업에 실패한 것이 아빠가 사람 볼 줄 모르고 무능력하기 때문이라고, 또 엄마가 하라는 대로 이사 다녔으면 집값이 많이 올랐을 텐데 아빠가 무식해서 우리가 못사는 거라고, 귀에 못이 박히게 듣습니다.

하긴 엄마는 아빠랑 사이가 안 좋고 여동생은 아직 어리니 하소연할 사람이라곤 저밖에 없어서 그러는 것이 이해도 되지만, 한두 번도 아니고…… 가끔 아빠가 불쌍하다는 생각도 들지만, 엄마 말을 계속 듣다 보면 저도 모르게 아빠를 무시하게 되고 때론 아빠를 닮은 제가 싫어지기도 합니다. 엄마한테 솔직히 말하고 싶지만, 엄마가 장남인 저하나 믿고 산다는데, 충격받고 어떻게 될까 봐 이러지도 저러지도 못해 정말 너무 괴롭습니다.

- 현우

•• 엄마 내면의 힘을 믿고
엄마와 거리를 가져 보세요

현우 님, 부모님 사이에서 이러지도 저러지도 못하고 많이 힘들겠어요. 어머니가 현우 님 하나 믿고 사신다니 하소연을 들어 주지 않으면 어머니가 잘못될까 봐 걱정되지요? 어머니가 그렇게 이야기한 건 현우 님이 참으로 믿음직한 아들이기 때문이었을 겁니다. 하지만 현우 님한테는 어머니의 기대나 믿음에 어긋나면 어머니가 살기 어렵다는 뜻으로 이해했을 수도 있으니 그런 걱정을 하는 게 당연합니다. 어린 자식에게 부모가 없는 상황은 생존이 어려운 상황이므로 그런 이야기는 매우 두렵게 들릴 수 있어요. 많이 부담스럽고 고통스러웠지요?

앞에서도 그런 경우가 많았습니다만, 현우 님의 사례 역시 부모님이 먼저 상담의 도움을 받으면 현우 님의 괴로움이 훨씬 수월하게 줄어들 것으로 보입니다. 만약 부모님이 그렇게 하신다면 현우 님을 위해서도, 가정의 화목을 위해서도 꽤 도움이 될 거예요. 하지만 상황이 그렇지 못하더라도 낙심하지 마세요. 다른 사례에서도 이야기했듯 희망은 현우 님 자신에게 있거든요.

그럼 먼저 현우 님이 왜 그리 괴로운지 원인을 살펴볼까요? 현우 님이 말한 대로 부모님이 화목하지 못한 것이 핵심 원인입니다. 세상에서 가장 친밀한 기쁨을 나눌 수 있고 치유의 힘을 지닌 관계가 부부 관계인데, 이런 부부 사이가 화목하지 못하면 여러 가지 어려움이 생길 수 있거든요.

그중 대표적인 것이 어머니가 아버지와의 갈등 관계에서 이기기 위해 자식을 자기편으로 만들려고 하는 무의식적 행동이랍니다. 부모님이 이런 행동을 보이면 자식은 아버지와 좋은 관계를 맺지 못하고, 어머니가 심어 준 나쁜 아버지상을 자기 것인 양 무의식적으로 받아들이게 되지요.

하지만 자식한테 아버지는 자신을 세상에 있게 한 근원이기 때문에, 어머니의 뜻과는 반대로 아버지에 대해 좋은 이미지를 갖기를 무의식적으로 바란답니다. 그래야 자신이 그런 좋은 분의 자식이라는 자긍심이 생기니까요. 현우 님은 어머니 때문에 아버지에 대한 나쁘고 왜곡된 이미지가 생기려 하니 그 자체로도 괴롭고, 자신이 경험한 아버지에 대한 이미지와 어머니가 심어 준 이미지가 달라서 또 갈등이 생기는 것이랍니다.

어머니가 아버지에 대해 왜 그런 이미지를 갖게 되었는지는 모르겠지만, 어머니의 얘기를 잘 살펴보면 여러 가지 판단의 오류일 가능성이 있답니다. 어머니가 지금껏 한 곳에 눌러살아서 못살게 되었고, 그것이 아버지의 무식함 때문이라고 하신다고 했지요? 하지만 다른 식으로 생각해 보면, 어쩌면 아버지는 현우 님을 위해 경제적으로 더 나아질 수 있는 상황을 포기했는지도 모릅니다. 자녀가 어릴 때 이사를 자주 다니면 바뀐 환경에 적응하느라 스트레스를 많이 받거든요. 아버지의 행동은 현우 님에게 안정된 환경을 주기 위한 선택이었을지도 모릅니다. 물론 이것은 어디까지나 그럴 수도 있다는 가정이에요.

하지만 설령 어머니 얘기가 사실이라 해도, 어머니가 아버지와 현우 님의 관계를 고려해 좋게 설명해 주셨다면 현우 님이 괴롭지 않았을지도 몰라요. 그래서 심리학에서는 '자녀가 갖는 아버지상은 어머니의 작품'이라고 한답니다.

그러니 어머니가 아버지에 대해 들려 주는 험담은 아버지와 갈등 관계에 있는 어머니의 생각일 뿐, 아버지의 본모습이 아닐 수 있다는 걸 기억하세요. 이렇게 이야기하면 현우 님한테는 어머니가 문제 있는 분으로 비칠까 걱정이 되네요. 부연 설명하자면, 어머니는 지금의 상황에서 무의식적으로 그런 행동을 하는 것이지 문세가 있는 분이란 뜻이 아니에요. 사정은 잘 모르겠지만, 어머니는 마음속에 깊은 상처가 있고 아버지와 관계에서 그 상처를 돌볼 기회를 갖지 못한 것으로 보입니다.

이런 이야기를 들으면 어머니의 삶이 안쓰럽고 가엽게 여겨질 수도 있습니다. 하지만 현우 님이 어머니의 상처를 돌보고 도와드리는 일은 쉽지 않습니다. 그러기엔 현우 님도 상처를 입었고 아직 돌봄이 더 필요한 나이니까요. 어머니를 너무 걱정하다 보면 오히려 어머니와 점점 더 밀착되어 현우 님도 힘들어지고, 본의 아니게 어머니와 아버지가 직접 갈등을 해결할 기회를 가로막는 상황이 될 수도 있습니다.

지금 현우 님에게 중요한 것은 어머니와 거리를 갖고 부모님 사이에서 중립을 지키는 것입니다. 어머니가 어떻게 될까 봐 두려운 상황에서 어머니와 거리를 두기는 어려울 거예요. 하지만 현우 님, 어머니는 현우 님 생각보다 강한 분이랍니다. 그리고 현우 님은 어머니의 험담을 들으면서도 아버지에 대해 온당한 평가를 할 수 있을 만큼 주관이 뚜렷하고 사리분별력이 있으니 감정적으로 대처하지 말고 상황을 신중하게 들여다보세요.

현우 님이 지금 어머니가 어떻게 될까 봐 두려워하는 것처럼 어머니도 현우 님이 멀어지는 것이 두려울 거예요. 자신이 쏟아 놓은 험담 때문에 자식이 괴로

위하는 걸 아시면, 현우 님과 멀어지지 않기 위해서라도 험담을 줄이려고 노력하실 겁니다. 어머니의 행동이 무의식적이다 보니 현우 님에게 얼마나 괴로움을 주는지 몰라서 그런 것일 뿐, 자식에게 고통을 주고 싶은 부모는 아무도 없답니다.

현우 님이 먼저 할 일은 자신의 감정을 어머니에게 부드러우면서도 솔직하게 전하는 거예요. 그러면 어머니는 달라지기 위해 노력하실 거예요.

동시에 어머니 내면의 힘을 믿으세요. 어머니는 경제적 어려움과 아버지와 갈등 같은 문제들 속에서도 두 남매를 키워 내신 훌륭한 분입니다. 또 자식을 많이 사랑하는 분이고요. 여자는 약해도 어머니는 강하답니다. 어머니를 이해하고 아버지와 관계를 직접 해결할 수 있도록 현우 님이 어머니와 거리를 유지해 보세요. 부부 문제는 부부만이 해결할 수 있답니다.

현우 님은 두 분 사이의 갈등에서 빠져나와 본인의 삶을 알차게 꾸려나갈 생각을 하면 됩니다. 본인의 꿈에 집중하고, 자신이 감격할 만한 일을 찾아 준비하고 실행해 보세요. 비록 지금은 모두가 힘들지만, 부모님의 힘을 믿고 현우 님의 길을 찾으세요. 현우 님이 괴로우면 부모님도 괴롭고, 현우 님이 행복하면 부모님도 행복하답니다.

유화부인의 믿음

고구려 건국 설화에 나오는 주몽의 어머니 유화 부인에 관한 이야기입니다.

유화는 물의 신 하백의 딸입니다. 어느 날 들판에서 꽃놀이를 하는데 '해모수'라는 사람이 와서 "나는 천제의 아들이다"라며 유화를 유혹했습니다. 이를 믿은 유화는 웅신산 아래 압록강 가의 집에서 해모수라는 사람과 하룻밤을 보냈지요.

그런데 이 사람이 다음 날 연락도 없이 사라졌습니다. 부모님은 유화가 허락 없이 혼인한 것을 꾸짖어 태백산 남쪽 우발수로 귀양을 보냈지요.

거기서 만난 동부여의 금와왕은 유화를 궁으로 데려가 두 번째 부인으로 삼았습니다. 그래서 주몽은 금와왕의 서자로 자라게 된 탓에 왕자이면서도 궁에서 천대를 받았습니다. 유화 부인은 그럴 때마다 주몽에게 "네 아버지는 천제의 아들 해모수다. 너는 왕이 될 만한 힘과 능력이 있다"며 늘 남편을 공경하고 주몽에게 좋은 아버지의 이미지를 심어 주었습니다. 세월이 지나 장성한 주몽은 유화 부인의 말처럼 고구려를 건국했답니다.

해모수가 진짜 천제의 아들인지는 확인할 길이 없습니다. 그러나 유화 부인은 해모수를 천제의 아들로 믿고, 아들에게 그 이미지를 심어 주었기에 오늘날 우리가 아는 주몽이 있는 것이지요. 자식을 잉태시킨 남편을 귀하게 여기고 자식을 생각하는 모성이 바로 이렇습니다.

엄마를 때리는 아버지 때문에 미치겠어요

저는 중3 남학생입니다. 저희 집은 아버지 때문에 힘든 일이 너무 많습니다. 아버지는 제가 초등학교 때 사업에 실패한 후, 거의 매일같이 술에 취해 삽니다. 엄마와 자주 다투기도 하는데, 엄마가 얼마 전 식당 일을 시작한 뒤로는 술에 취하기만 하면 물건을 부수고, 엄마가 바람을 피웠다고 모함하면서, 엄마 옷을 벗겨 놓고 주먹으로 심하게 때리기도 합니다. 그럴 때면 아빠가 죽이고 싶도록 싫습니다.

엄마는 저희 형제 때문에 참고 사신다는데 저는 그 말도 듣기 싫습니다. 엄마가 그냥 아빠랑 헤어졌으면 좋겠는데 엄마는 그러지도 못하는 것 같습니다. 형은 벌써 가출했지만 저는 아직 그럴 수도 없고, 엄마를 위해 모범생 노릇 하기도 이젠 힘들어요. 어제는 문득 부엌에 있는 식칼을 보고 내 머리를 찌르고 싶은 충동이 들었습니다. 이럴수록 정신 차려야 하는 줄 알지만, 너무 괴로워 미칠 것 같습니다. 저 좀 도와주세요.

- 민혁

•• 가족의 **부정적인 힘**으로부터 **정신적인 거리**를 두는 게 필요합니다

민혁 님. 아버지를 죽이고 싶을 만큼의 분노와 미칠 것 같은 기분을 이해해요. 자살해 버리고 싶은 마음도 이해하고요. 얼마나 많이 아픈가요? 제 마음도 아픕니다.

이렇게 고통스러운 상황에서도 포기하지 않고 자신을 지키는 그 힘은 어디서 온 건가요? 정말 대견합니다.

민혁 님은 아버지에게 분노하고, 엄마에게는 애착과 동시에 부담감과 실망을 느끼며, 형에게는 배신감과 부러움을 느끼는 것 같네요. 민혁 님에게 가족의 존재는 기쁨과 성장의 근원보다 고통 쪽에 더 가까이 있는 것 같고요.

흔히 가족을 생각하면 가장 소중한 사람, 사랑을 나누는 공동체, 즐거운 우리 집 같은 말을 떠올리지만, 실제는 민혁 님의 가족처럼 고통을 주는 가족도 있습니다. 이를 심리학에서는 '역기능 가족'이라고 하지요. 사람을 정신적으로 성장시키는 가족의 순기능이 상실되면서, 가족 서로에게 과도하게 의존하게 되어 각자가 정체성을 잃고 심리적 고통을 겪는 가족을 뜻합니다. 이런 가정에서는 개인이 심리적으로 건강하게 자라기가 무척 어렵답니다.

지금 민혁 님의 고통을 줄이기 위해서는 가족의 부정적인 힘으로부터 정신적으로 거리를 두는 것이 가장 절실합니다. 정신적으로 거리를 둔다는 것은 아버지가 주먹을 휘두를 때 감정적으로 분노하지 않을 정도로 마음의 거리를 두는 것, 엄마의 사랑을 받기 위해 모범생이 되려 애쓰는 게 아니라, 자기 자신을 위해, 자신이 원한다면, 모범생이 되는 것을 말합니다.

구체적으로 이해가 되지 않는다면 부모님과 나 사이에 유리벽을 세운다고 상상해 보세요. 매우 튼튼해서 깨지지 않는 안전한 유리벽으로요. 작은 구멍들이 뚫려 있어 부모님의 말씀은 들리지만, 내가 부모님의 말에 따르지 않아도 부모님이 나에게 부정적 영향을 주지 못하는 그런 벽 말이에요.

건강한 가족은 그런 심리적 벽을 가지고 있습니다. 그것을 심리학에서는 '경계'라고 하지요. 중학생인 민혁 님에게는 매우 어려운 일이겠지만, 적어도 이렇게 자기 삶을 보호해야 한다는 것을 알기만 해도 도움이 될 것입니다.

기회가 된다면 학교 상담실이나 한국청소년상담원[1388] 같은 기관에 상담을 요청하고 도움을 받아 보면 어떨지요? 지금 민혁 님은 마음속 분노와 가족에 대한 여러 부정적 감정들 때문에 감당하기 어려운 정신적 고통을 겪고 있는 것으로 보입니다. 상담은 그런 부정적 감정을 풀고 편안한 마음을 갖게 도와준답니다. 그리고 이런 대안을 실행하기가 불가능한 상황이더라도 좌절하지 않기로 해요. 내가 나를 포기하지 않으면, 어떤 상황도 이겨 낼 수 있으니까요.

그러면 지금부터는 민혁 님이 자신을 돕는 방법들을 이야기해 줄게요.

첫째, 만약 아버지의 폭력을 본인이 감당하기 어렵다면 경찰이나 외부 기관에 도움을 청해 보세요. 자식으로서 부모님을 신고한다는 것이 도덕적으로 받아들이기 어렵겠지만, 더 나쁜 상황이 생기지 않도록 아버지와 가족 모두를 돕는 최후의 수단이라 생각하면 좋겠어요.

둘째, 글쓰기를 통해 스스로 부정적 감정을 털어내 보세요. 일기도 좋고 부모님께 드리는 편지도 좋아요. 마음이 풀릴 때까지 여러 번, 여러 장 쓰다 보면 마음이 조금씩 편안해지는 것을 느낄 수 있을 거예요. 편지는 전하지 않아도 좋아요. 물론 직접 대화를 할 수 있다면 가장 좋고요. 심한 말을 쓰더라도 마음이 가는 대로 솔직하게 상처받은 마음을 털어놓는 것이 중요해요. 그러다 보면 자신의 내면에서 긍정적 부분이 되살아날 겁니다.

셋째, 용광로의 열기가 강철을 만들어 내듯, 지금의 고통이 나를 단련시키는 과정임을 믿어 보세요. 이것은 개인적으로 제가 고통의 시기를 견뎌 낸 방법이기도 하답니다. 동시에 진리이기도 하고요. 지금은 받아들이기 어려울지 몰라도 상담을 청했던 그 힘으로 이 말을 믿어 보면 어떨까요. 만약 종교가 있다면 종교의 힘을 빌려 믿어도 좋고요. 신은 사람에게 감당하지 못할 고통은 주지 않는답니다. 모든 고통에는 의미가 있다고 하잖아요.

나치 독일의 유대인 대량 학살 장소로 유명한 아우슈비츠 감옥에 수용되었던 사람 중에는 빅터 프랭클이라는 신경정신과 의사가 있어요. 그는 가족 모두가 비인간적 죽음을 당하고, 자신의 모든 것을 잃는 끔찍한 고통을 겪었습니다. 그러나 그 속에서도 자기 삶의 의미와 고통의 의미를 깨닫고, 발견하고, 살아남아, 아우슈비츠에서 나온 후에 세계적인 심리치료사이자 정신의학자가 되어 많은 사람의 고통을 치유했답니다.

지금 고통 속에 있는 민혁 님에게는 보이지 않을지 몰라도, 민혁 님을 위한 크고 좋은 뜻이 그 속에 들어 있는 것 같아요. 그런 뜻이 제게는 느껴져요. 언젠가 이 고통의 시간이 무사히 지나가고 나면, 민혁 님은 더 나은 모습으로 변화하겠지요. 저는 그 모습이 무척 기대되고, 아주 많이 궁금하답니다.

몸살 앓는 조개

바닷속 물의 나라는 아주 아름다운 곳이었다. 곱고 깨끗한 모래가 깔려 있었고 그곳에 뿌리를 내린 푸른 미역과 다시마가 물결 따라 춤을 추기도 했다. 그리고 산호가 꽃처럼 피어 있기도 했다.

이 아름다운 물의 나라에는 물고기도 살고 게도 산다. 이들 물의 나라 식구들은 아주 사이좋게 살고 있었다. 그리고 모두 훌륭한 재주를 가지고 있었다. 그러나 맨 아래 모래 위에 웅크리고 있는 조개는 별 재주가 없었다.

'나는 왜 물고기처럼 지느러미가 없을까? 아, 나도 헤엄치고 싶은데, 나는 왜 다리가 없을까? 아, 나도 뜀뛰기를 하고 싶은데…….'

조개는 물고기와 게와 새우를 보면 기가 죽었다. 풀이 죽은 조개가 가여워서 물고기와 새우와 게는 우정 어린 위로의 말을 했다.

"조개야, 너의 껍데기는 얼마나 단단하고 멋지니! 내 톱날 달린 집게발로 아무리 가위질을 해봐도 꿈쩍 않는걸. 그리고 그 껍데기를 마음대로 열었다 닫았다 할 수 있다는 건 얼마나 멋진 재주냐?"

"그래, 너는 우리가 흉내 낼 수 없는 더 멋진 재주를 가지고 있을지도 몰라."

그러나 조개는 자기를 위로해 주려고 친구들이 빈말을 한다고 생각했다. 그래서 조개는 마음의 병을 얻었다. 그 마음의 병은 곧 몸의 병으로 옮겨갔다. 처음에는 그저 속살이 찌뿌드드한 몸살이었다. 이내 그 몸살은 몸을 찢는 듯한 아픔으로 변해 마침내는 정신을 잃을 정도의 괴로움이 되고 말았다.

때맞추어 바다도 앓는 듯 물결을 뒤치며 무서운 파도를 일으켰다. 그 서슬에 조개는 이리저리 정신없이 굴렀다. 그리고 얼마의 시간이 흘렀는지 모른다. 정신을 차린 조개가 굳게 닫았던 껍데기를 열고 보니 어느덧 파도는 가라앉고 눈 부신 햇살이 물속까지 비쳐들고 있었다.

그때 조개는 보았다. 아팠던 속살에 영롱하게 박혀 있는 아름다운 진주를. *

> 고통 없이 아름다울 수 있는 것이 어디 있으랴……. 지금 상처가 고통스러울지라도, 그것은 아름다운 창조물로 승화하기 위한 과정입니다.

* 『빛깔이 있는 학급운영 2』(우리교육 엮음, 우리교육)에서 인용.

딸에 대한 분노를 조절할 수가 없습니다

중1 딸을 둔 엄마입니다. 제 어린 시절 친정어머니가 성적에 예민했기에 저는 자식에게 절대 그러지 않으려고 했는데, 딸이 중학생이 되어도 정신을 못 차리고 성적이 나쁘니 견딜 수가 없습니다. 첫 성적표가 나왔을 때는 저도 모르게 성적표를 아이 머리에 집어던지면서 "나가 죽어!", "왜 사니?"라며 폭언을 했습니다. 그 뒤 마음이 아프고 미안해서 아이에게 사과도 여러 번 했지만, 지금도 공부 안 하는 모습을 보면 끝내 못 참고 화를 내며 아이를 때리거나, 제가 아예 앓아눕습니다.

또 딸이 사춘기가 되어서 그런지 반항하는 듯한 모습, 예의 바르지 못한 모습을 보이면 심하게 혼내거나 때리고 후회합니다. 혼낼 때는 막 분노하다가도 시간이 지나면 미안합니다. 저의 이런 모습이 아이에게 나쁜 영향을 미치는 것 같아 죄책감이 듭니다. 남편과 관계는 좋은데 왜 자식에게만은 이러는지 모르겠습니다.

— 가영 엄마

•• 친정어머니와 자신을 **용서**하고
남편과 **관계**를 **점검**해 보세요

가영 어머님, 엄마 노릇 정말 힘드시지요? 사춘기 딸 어떻게 대해야 좋을지 막막하시지요? 그 심정 진심으로 이해됩니다. 오죽 힘들면 이렇게 꺼내기 어려운 말을 하셨을까 싶어 마음이 짠하네요. 딸에게 나쁜 영향을 주는 것 같아 죄책감을 느끼는군요. 분노하지 않으려, 때리지 않으려 하는데도 자신의 행동을 조절할 수 없어 괴롭고요.

다른 관계에서는 괜찮은데 유독 딸과의 관계에서는 왜 그렇게 분노 조절을 못 하는지 궁금해하셨지요? 그건 가영 어머님 마음속에 과거 친정어머니와의 관계에서 쌓인 감정^화이 남아 있어, 그 감정이 무의식적으로 딸과의 관계에 영향을 미치기 때문이랍니다. 마음속의 분노가 해결되지 않고 쌓여 있으니 그 분노가 약자인 딸을 향하는 것이지요.

분노는 화[*], 즉 불입니다. 누군가에게 불을 쏘면 크게 데이겠지요. 인간관계에서 불은 둘 중 하나가 죽어야 하는 감정이랍니다. 밖으로 나가면 상대가 죽고, 안으로 들어오면 내가 죽지요. 그래서 상대에게 분노를 퍼부을 땐 나가 죽으라는 말이 절로 나오고, 밖으로 나가지 못해 내 안으로 들어오면 내가 앓아눕는 것입니다.

이 분노를 해결하고 관계를 개선하려면 가영 어머님을 힘들게 했던 친정어머니와 지금 딸에게 분노하고 있는 자신을 용서해야 합니다.

친정어머니 세대는 자식을 먹이고 입히는 것만으로도 힘든 시대를 살았습니다. 그때는 자식의 마음을 돌보지 못하거나 공부를 시키지 못해도 엄마가 죄책감에 시달리지 않았지요. 하지만 지금은 많이 달라졌습니다. 엄마와 아이의 상호 작용이 아이의 삶에 미치는 영향이 크다는 것이 밝혀지면서 많은 엄마가 죄책감에 시달리고 있습니다. 지금의 엄마들은 친정어머니한테서 보고 배운 것에 더해 양육에 관한 공부까지 하며 키우는데도 말입니다.

친정어머니 세대엔 엄마가 삶의 무게 때문에 자식에게 충분한 시간과 사랑을 주지 못해도 다른 것으로 보상되었습니다. 지금보다 덜 경쟁적인 사회였고, 가족이나 친지, 친구 같은 지지자가 풍부했으며, 삭막한 시멘트 건물보다 자애로운 자연 환경이 더 많아 아이들이 노는 동안 자연적 치유가 가능했지요. 요즘은 환경이 다르니 엄마가 아이를 키우며 신경 써야 할 부분이 더 많아졌답니다. 예전의 어머니들이 고생하셨던 것만큼, 때로는 그 이상 고민하며 아이를 키우는 것이 이 시대의 엄마들이에요.

이런 상황에서도 가영 어머님은 노력하며 가영이를 키우고 있답니다. 그러니 가영이에게 했던 실수나 잘못을 생각하며 죄책감에 시달리지 않으면 좋겠습니다. 과거는 이미 지나갔습니다. 죄책감은 앞으로 엄마 노릇을 하는 데도 아무런 도움이 되지 않습니다. 딸에게 바람직하지 못한 행동을 한 자신을 용서하세요.

그리고 딸과 좋은 관계를 맺기 위해 친정어머니를 용서하세요. 가영 어머님의 친정어머니는 예의 바르고 순종적이고 공부 잘하는 것을 중요하게 여기고 교육하신 것 같습니다. 이 덕목들은 모두 삶에 필요합니다. 그러나 가영 어머님에게는 따르면 좋은 것을 배우는 과정이 아니라, 배우지 않으면 처벌받는 과정이었나 봅니다. 그래서 친정어머니와의 관계에 화가 생겼고, 지금은 그 방법과 반대로 하려다 보니 역효과가 나고 있는 것이고요.

극과 극은 통한다고 하듯이 인간관계에서 어떤 행동을 반대로 하려 하면 오히려 같은 결과를 가져오기도 합니다. 친정어머니의 양육 방법과 반대로 할 것이 아니라 가영 어머님의 새로운 양육 방법으로 가영이와 관계를 맺기 바랍니다. 그렇게 하려면 친정어머니를 용서하는 것이 선행되어야 하겠지요.

그러면 친정어머니와 관계에서 발생했던 화가 풀리면서 친정어머니의 양육 방법 중 나빴던 부분과 좋았던 부분이 이성적으로 받아들여져, 가영 어머님의 새로운 양육 방법이 탄생할 겁니다. 친정어머니의 양육 방법이 가영 어머니를 힘들게 했지만, 가영 어머니를 괜찮은 사람으로 키워 낸 분도 다름 아닌 친정어머니니까요.

자신과 친정어머니를 용서한 다음에는 딸에게 감정을 퍼붓지 않도록 자신의 감정을 조절해야 합니다. 가영 어머님 얘기 중에 '중학교에 가서도 정신을 못 차리고 공부를 안 한다'는 등의 표현을 보면 어머님은 '성공하려면 공부를 잘해야 한다'거나 '사람은 반항하지 말고, 예의 바르게 행동해야 한다'는 식의 생각을 하는 것 같습니다. 이런 생각은 세상을 살아가는 데 필요하기도 하지만, 정도가 지나치면 분노를 일으키고 건강하지 못한 열등감이나 수치심을 일으키기 쉽답니다.

자신에게서 이런 감정들을 발견했다면 이 감정이 올라오는 순간 스스로 알아차리도록 노력하세요. 지금까지는 감정과 행동이 무의식적으로 함께 표현되었거나, 바람직한 행동을 알면서도 그런 행동을 하지 못해 괴로웠을 겁니다. 그러나 자신과 친정어머니를 용서하고 나면, 감정을 알아차리는 과정에서 분노를 조절할 수 있게 됩니다. 자신의 부정적 감정을 알아차리게 되면 그 감정을 딸에게 전하지 않도록 노력하세요.

그래도 분노 조절이 어렵다면 아직 용서하지 못한 채 단지 전처럼 화를 참고 있는 상태라 그렇습니다. 혹시 이 상태가 계속되더라도 실망하지 마세요. 그래도 자신의 무의식을 모를 때보다는 분노를 조절하는 힘이 조금은 늘어난 것을 느낄 수 있을 겁니다. 그렇게 조금씩 아주 조금씩 변화하는 것이니 꾸준히 노력하시길 바랍니다.

마지막 단계는, 남편과의 무의식적 갈등을 점검하는 일입니다. '남편과 관계가 좋은데, 아이에게는 왜 그런지 모르겠다'고 하셨지요? 남편과 관계가 좋다는 것이 어떤 상태인지 정확히 알기는 어렵지만, 보통 남편과 관계가 좋다고 말하는 분들은 다음 네 가지 경우 중 하나일 가능성이 높습니다.

첫째, 남편과 관계가 만족스럽다. 둘째, 남편에 대한 부정적인 감정이 있으나, 억압하고 있어서 본인이 느끼지 못하고 있다. 셋째, 부부 중 한쪽이 자기주장을 하지 않고 일방적으로 따르고 있다. 넷째, 제삼자^{보통 자식인 경우가 많음}를 희생양으로 삼아 부정적 감정을 쏟아 놓는다.

당연히 첫 번째가 가장 이상적이겠지요. 이런 부부는 건강한 삶을 살고 있기에 자녀에 대한 집착이 없어 자녀와의 관계도 대부분 만족스럽습니다. 그렇다고 싸움을 하지 않는 부부는 거의 없습니다. 오히려 적당한 정도의 싸움을 하면서 갈등을 조절하는 능력을 갖춘 부부가 더 건강한 부부입니다.

가영 어머님의 남편과의 관계가 위의 네 가지 중 어떤 유형인지 제가 알기는 어려우니, 혹시 남편과의 갈등을 무의식적으로 딸에게 전가하지 않는지 자신을 점검해 보세요. 이 역시 딸과의 관계 개선에 도움이 되는 과정입니다.

엄마와 자녀 관계는 무의식적, 본능적 관계이기에 제가 말씀드린 전 과정을 실제 상담으로 진행하면 제법 시간을 들여야 한답니다. 그러나 목표를 알고 가는 길이 더 쉽게 느껴지는 것처럼 이제 원인을 아셨으니 시행착오를 거치더라도 분명 가영이와의 관계를 개선할 수 있을 거예요.

쉽지는 않겠지만 딸의 인생은 가영 어머니의 인생과 다른 삶임을 인정하시길 바랍니다. 가영이의 재능이 어떻게 피어날지는 아직 모르는 일입니다. 가영이는 공부 말고 모든 것을 잘하는 아이일 수도 있고, 공부가 늦게 트는 아이일 수도 있고, 하고 싶은 분야의 공부만 잘하는 아이일 수도 있답니다. 그 어느 길을 택하더라도 가영이는 자신의 잠재력을 실현할 수 있는 가장 좋은 길을 택하는 중일 것입니다. 가영이를 믿으세요. 가영이가 자신의 삶을 주체적으로 살아가도록 돕는 것, 그것이 부모가 할 일입니다.

살찔까 두려워 먹고 토합니다

중2인 제 딸아이가 너무 걱정돼서 이렇게 용기를 냈습니다. 딸아이는
어릴 때부터 예쁘고, 말도 잘 듣고, 공부도 잘해서 제게는 의지처이자
제 친구들에게는 부러움의 대상이었습니다.

그러던 아이가 중학교 가면서부터 많이 달라졌습니다. 가족과 거의 말
을 안 하기 시작하더니 집에 있기보다 밖에 나가기를 더 좋아하고, 몇
달 전부터는 잘 먹지 않아 부쩍 야윈 모습을 보여 걱정이 이만저만이
아닙니다. 한번은 왜 그렇게 안 먹느냐고 물었더니 자기가 복부비만이
라서 살을 빼야 한다고 하더군요. 제가 보기엔 걱정스러울 정도로 마
른 것 같은데 말이에요. 요새는 억지로 권해서 먹이면 토하기까지 합
니다. 아이가 도대체 왜 이러는 걸까요?

- 수현 엄마

저는 중3 여학생입니다. 일 년 전쯤에 원푸드 다이어트를 했습니다. 그때는 파프리카 다이어트로 일주일 만에 5킬로그램이 줄어 정말 좋았습니다. 그런데 다이어트 직후 먹고 싶은 욕구를 이기지 못해 뻥튀기를 심심풀이로 먹기 시작했는데, 얼마 후엔 과자, 초콜릿, 라면 등 다이어트엔 절대 먹지 말아야 할 음식들을 엄청 먹기 시작했습니다. 하루는 너무 많이 먹고 난 후 살이 찔까 봐 두려워 목구멍에 손가락을 넣고 억지로 토했습니다. 그랬더니 기분이 좀 나아졌어요.

그런데 이제는 그 행동이 반복됩니다. 엄청 먹고, 토하고……. 우울하거나 스트레스받는 일만 있으면 심하게 먹고 토합니다. 누구한테 말하기도 창피하고, 먹는 것 하나 조절 못 하는 제가 혐오스럽습니다.

- 미혜

식습관을 회복하려면 심리적 어려움을 살펴봐야 합니다

수현 어머님, 수현이 때문에 정말 걱정이 크시겠어요. 그런데 수현이가 왜 그러는지 이유조차 모르니 많이 답답하시지요? 아이가 왜 그런 행동을 하는지를 물으셨는데 그걸 알기 위해서는 수현이의 무의식이 어떤지 이해하는 것이 도움이 됩니다.

딸이 의지처가 되었다고 하셨지요. 그 말씀으로만 보면, 어머님의 삶에 의지처가 필요했고, 수현이가 마음을 나누고 기댈 상대가 되어 드린 듯합니다. 어머님은 딸이 워낙 대견하고 사랑스럽고 친밀한 마음에 그러셨겠지만 수현이에게는 어머님의 마음이 다르게 전해졌을 수 있습니다.

어머님도 아시겠지만 청소년기는 질풍노도의 시기랍니다. 내 마음을 나도 몰라 괴로운 시기이지요. 더군다나 성장하면서 겪는 성장통이 큰 때입니다. 상상해 보세요. 만약 수현 어머님이 지금 본인의 일만으로도 무척 벅찬데, 누군가 기대려 하고 남들에게 자랑감으로 소문나 있어 그 기대에도 부응해야 할 것 같다면 기분이 어떨지요. 답답하고, 부담스럽고, 많이 힘들겠지요? 어쩌면 그것이 지금 수현이가 느끼는 무의식적 감정일지도 모릅니다.

미혜 님, 다이어트 부작용으로 폭식 후 토하는 증상이 생겼군요? 먹고 토하는 과정이 참 고통스러울 텐데, 스스로 조절할 수 없으니 착잡하겠어요. 다이어트를 결심했던 걸 보니 몸매에 불만이 있는 것 같아요. 요즘은 워낙 마른 몸매를 선호하고, 전 국민에게 다이어트, 몸짱 열풍이 불고 있으니 몸매에 약간씩의 불만이 있는 것은 어쩌면 전 국민적인 현상인지도 모르겠네요.

그중에는 미혜 님처럼 먹고 토하는 문제가 생기는 사람들도 있는데, 이런 문제를 겪고 있는 사람들의 공통점은 심리적 어려움을 겪고 있다는 것입니다. 외모에 대한 불만뿐 아니라, 스스로에 대한 불만도 품고 있지요. 미혜 님이 스스로 '혐오스럽다'고 말한 것처럼 말이에요. 그래서 미혜 님이나 수현 님처럼 먹고 토하거나 안 먹는 문제를 가진 사람들이 식습관을 회복하려면 심리적인 면을 꼭 살펴보아야 한답니다.

먹는 것과 관련된 문제를 섭식 문제라고 하는데 수현 님처럼 건강이 염려될 정도로 과도하게 안 먹는 경우를 '신경성 식욕부진 증상'이라 하고, 미혜 님처럼 습관적으로 과도하게 먹고 토하는 경우를 '신경성 폭식 증상'이라고 합니다. 이 두 증상은 동전의 양면 같은 관계이니 함께 살펴보겠습니다.

그런데 두 증상을 살펴보기 전에 먼저 밝혀 둘 게 있습니다. 지금 수현 어머님과 미혜 님이 제게 한 이야기만으로는 정보가 부족해서 증상이 있다고 파악만 할 뿐, 정확히 거식증^{신경성 식욕부진증}이나 폭식증^{신경성 폭식증} 같은 섭식 장애로 진단할 수는 없답니다. 그런데 증상이 섭식 장애로 진단될 경우, 그중에서도 거식증이라면 건강에 치명적인 문제가 생길 수 있어 보통은 입원 치료를 권합니다. 그러니 상태가 심하다고 느끼면 꼭 전문가의 도움을 받으세요.

그럼, 본격적으로 이야기를 시작할게요. 섭식 문제를 가진 사람은 무의식에 어떤 어려움이 있을까요? 정신분석적 측면에서 보면 음식은 엄마의 젖, 즉 모성을 상징합니다. 음식 거부는 엄마의 과잉보호 때문에 엄마^{음식}를 거부하고자

하는 행동이고, 폭식하는 것은 엄마의 정서적 돌봄이 부족해서 엄마^{음식}를 찾는

행동인 셈이지요.

이런 관점에서 보면, 수현이는 엄마의 과잉보호나 기대에서 벗어나려고 밖으로 돌고 음식을 거부하는 것이며, 미혜 님은 우울하거나 스트레스를 받을 때, 함께 나눌 사람이 없어 음식을 찾는 것으로 볼 수 있습니다. 수현이나 미혜 님의 섭식 문제를 해결하려면 이런 심리적 문제에 관한 이해와 도움이 필요합니다. 특히 개인적 측면과 가족적 측면에서 함께 보살펴야 합니다.

개인적 측면에서 수현이는 먹는 행동에 보상을 주어 음식을 먹게 하는 것이 중요합니다. 동시에 비합리적 사고를 교정하도록 돕습니다. 일반적으로 수현이 같은 어려움을 가진 아이들은 날씬한 몸매가 성공이나 사랑을 얻는데 가장 중요한 수단이라고 생각합니다. 그러나 성공하고 인기 있는 사람들이 모두 날씬하지는 않으니 비합리적인 사고라고 할 수 있지요. 수현이가 이를 깨닫고 합리적으로 변화하도록 이끌어 주세요.

자신의 신체에 대한 왜곡된 이미지도 교정하도록 돕습니다. 마른 정도를 정확히는 모르겠으나, 어머님이 걱정할 정도로 말랐다면 복부비만이 아닐 확률이 높습니다. 복부비만이 아니라는 객관적인 증거나 비만이라고 생각하지 않는 다른 사람들의 의견을 듣게 해 수현이가 복부비만이 아니라는 것을 깨닫게 해 주세요.

다음은 미혜 님께 권합니다. 균형 잡힌 식이요법을 위해 하루 세 번 적당한 양을 꼭 먹고 운동하면 좋겠어요. 너무 뻔한 이야기 같지만 가장 중요한 얘기고, 그중에서도 운동은 가장 추천하는 방법입니다. 적당한 운동은 우울감을 줄

여 주고 다이어트 효과가 있어서 미혜 님처럼 우울할 때 폭식하는 증상을 완화해 줄 수 있으니 실천해 보세요. 그리고 흥미 있는 일을 찾아 몰두하세요. 좋아하는 일을 열심히 해 성취감이 쌓이면 자기존중감이 향상되고 기분 전환에 많은 도움이 된답니다.

지금부터는 가족적 측면입니다. 수현이의 경우는 수현 어머니께서 직접 상담을 요청했으니 훨씬 희망적입니다. 어머님께서 수현이의 마음을 이해하는 것만으로도 수현이에게 큰 도움이 될 테니까요. 수현 어머님께 어떤 상처나 어려움이 있는지는 모르겠지만, 의지처를 수현이가 아닌 다른 곳으로 바꾸시길 권합니다. 친구도 좋고 취미 활동도 좋습니다. 남편이면 더 바람직하고요.

미혜 님은 엄마에게 대화를 요청해 보세요. 예를 들면 "엄마, 나 스트레스받는 일이 있는데, 얘기 좀 들어줄래요?" 이런 식으로 말이에요. 만약 어렵거든 자신의 정서를 돌보는 다른 방법^{106~111쪽 참고}들을 스스로 해보세요. 어려울 수 있겠지만 성장한다는 건 스스로 할 수 있는 게 많아지는 것이랍니다.

수현 어머님, 미혜 님, 건강한 몸과 건강한 정신은 이어져 있습니다. 지금 수현이나 미혜 님의 몸이 보내는 신호들은 어쩌면 마음의 상처를 돌볼 기회를 알려 주는 것인지도 모릅니다. 이 일을 계기로 가족이 좀 더 행복해지는 시간을 함께 만들어 보면 어떨까요?

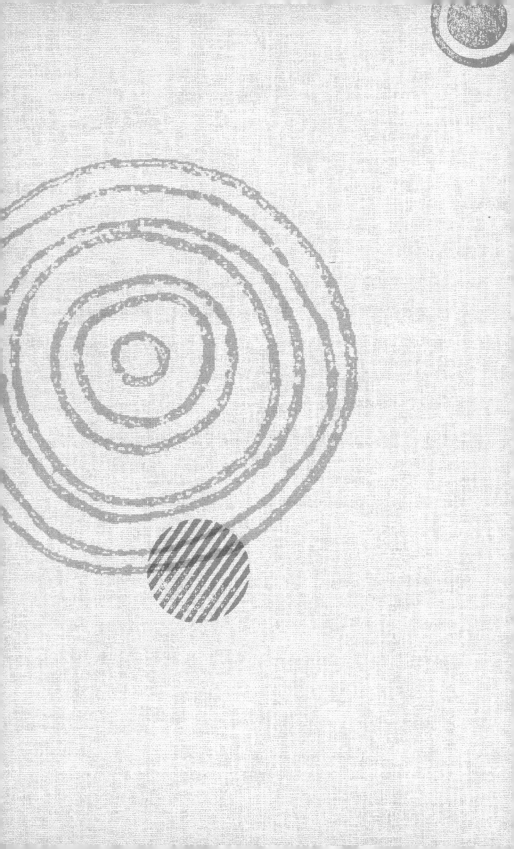

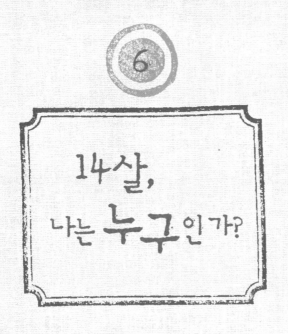

6

14살, 나는 누구인가?

문을 잠그고 싶습니다

저는 중1 여학생입니다. 요즘 들어 '앞으로 어떻게 살아야 하나'라는 고민도 많아지고, 공부 때문에 힘들기도 해서 혼자 있고 싶을 때가 많습니다. 엄마가 이래라, 저래라 하는 말도 듣기 싫고, 동생한테 방해받기도 싫어서 방문을 잠갔더니 부모님이 화를 내요. 제가 뭘 잘못했나요?

- 한솔

조용하고 착하던 아들이 요즘 갑자기 방문을 잠급니다. 그러지 말라고 해도 말을 듣지 않네요. 무슨 일이 있는지 물어도 "아무 일 없으니 걱정하지 마세요"라고만 하고, 집에 오면 방문을 잠그고 잘 나오지 않습니다. 어제는 애 아빠가 화가 나서 열쇠로 문을 열고 들어갔더니, 아이가 "나 좀 내버려 둬요!"라고 소리 지르며 대들어 애 아빠도 저도 많이 놀랐습니다. 도대체 뭐가 문제일까요?

- 석준 엄마

•• 마음의 문을 닫는 사람도, 열고 나오는 사람도 자신입니다

한솔 님, 머리가 복잡해서 조용히 혼자 있고 싶군요? 엄마의 잔소리와 동생의 어리광이 피곤하고 귀찮게 느껴질 정도로 힘든 상태인가 봅니다. 한솔 님은 힘들어하는데 부모님이 이해는커녕 화를 내시니 억울하기도 하겠네요.

석준 어머님, 아들의 낯선 행동에 많이 놀라셨지요? 조용하고 착하던 아들이 갑자기 아버지에게 대들기까지 했다니 많이 놀라셨겠어요.

그런데 한솔 님과 석준 어머님의 고민이 상대방을 서로 이해할 수 있는 내용으로 연결된 게 보이나요?

석준 어머님, 석준이에게 큰 문제가 생긴 것이 아니라면 석준이가 문을 잠그는 까닭은 한솔이의 마음과 비슷할 겁니다. 이 시기는 아이들에게 학업, 교우관계, 자기 정체감 찾기 등 고민이 폭발적으로 증가하는 때이거든요.

석준이가 "걱정하지 마세요"라고 말했을 때의 태도가 어땠는지 몰라서 상황을 정확히 짐작하기는 어렵습니다. 하지만 평소 착했다는 어머님 말씀과 부모님의 걱정에 나름의 대답을 드렸다는 점 그리고 아버지에게 대들 때도 "나 좀 내버려 둬요!"라고 존댓말을 쓴 것으로 짐작건대 큰일이 있어 보이지는 않습니다. 하지만 아이들 일은 모르니 이런 말을 건네 보면 어떨까요?

"석준아, 요즘 머리가 복잡한가 보구나? 알았어. 문 함부로 열지 않을게. 그런데 무슨 큰일이 있는 건 아니지? 언제든 도움이 필요하면 말해 줘."

이렇게 웃으며 말하고 기다리면 아이들 대부분이 당장은 아니더라도 필요한 순간이 오면 자신의 문제를 말해 주곤 한답니다.

그러면 한솔 님이나 석준이는 왜 방문을 걸어 잠그는 걸까요?

그건 이 시기의 청소년들이 '심리적 이유기[198~201쪽 참고]'를 거치며 부모님과 분리된 자신만의 영역을 형성하려 하기 때문입니다. 이러한 자기 영역의 경계를 심리학에서는 '울타리'라고 하지요. 울타리는 자신과 남의 경계를 짓는 것으로 장차 자신의 내면을 지키는 힘이 된답니다. 동시에 다른 사람들과의 관계에서 상처를 주거나 받지 않기 위한 장치이기도 하고요.

청소년기의 방문 잠그기는 정서적 울타리를 세우는 과정으로 볼 수 있습니다. 부모님을 비롯한 가족의 통제적 감정들로부터 자신의 감정을 독립적으로 다루고자 하는 마음을 겉으로 드러낸 것이지요. 한솔 님의 방문 잠그기는 엄마의 이래라, 저래라 하는 통제에서 벗어나 뭐든 스스로 하고 싶을 때 하겠다는 마음의 표현으로 이해할 수 있습니다.

심리학에서는 이러한 정서적 울타리를 '마음의 문'에 비유하기도 합니다. 우리의 마음을 내 집이라고 생각해 볼까요? 내 집[마음]을 여는 문고리가 어디에 있는가에 따라 내 집이 안전할 수도 위험할 수도 있습니다. 당연히 문을 안에서 여닫을 수 있는 것이 가장 안전하겠지요? 마음의 문도 마찬가지랍니다.

가까운 사람들로부터 상처를 받았다는 얘기를 하거나 들어 본 적 있지요? 그게 바로 이 울타리와 관련된 문제랍니다. 울타리 밖에 있는 사람들, 그러니까 내가 나와 무관하다고 여기는 사람들은 나의 마음에 상처를 줄 수가 없거든요. 내게 심리적 상처를 주는 사람들은 울타리 경계가 약한 관계에 있는 사람들이랍니다. 즉, 가족이나 가까운 친구처럼 내가 마음을 열어 준 사람들이지요.

청소년기의 방문 잠그기는 건강한 울타리를 세우기 위해, 내 마음의 문 열기는 내가 결정하겠다는 뜻을 표현한 것이라고 볼 수 있답니다.

건강한 울타리	내부에 손잡이가 있는 문과 같음	신뢰(희망) 자율성(의지력) 독창성(의도) 근면(능력)
허약한 울타리	외부에 손잡이가 있는 문과 같음	불신 수치 죄의식 열등감
해체된 울타리	문이라고는 없는 집과 같음	혼란 무기력 무력감

*『자기 사랑 노트』(오제은, 샨티)에서 인용.

한솔 님, 지금은 방문을 잠그고 혼자 있고 싶지요? 석준 어머님, 방문을 잠근 석준이 때문에 걱정이 많으시지요? 서로 이해하며 기다려 보세요. 가족이나 친구 관계에 큰 문제가 없는 한 마음이 성숙해져 방문을 열고 나오는 시기가 곧 온답니다. 마음의 울타리를 세우는 것도, 문을 열고 나오는 것도 모두 나 자신이니까요.

마음이 성장하도록 관심을 두고 기다려 주세요. 건강한 울타리는 나와 남이 행복하게 공존하는 데 필요한 심리적 거리랍니다.

저만 바라보는 엄마가 부담스러워요

저는 1남 2녀 중 첫째 딸입니다. 저희 집은 아빠가 너무 바쁘셔서 거의

엄마하고 저와 동생들만 함께 지냅니다. 엄마는 저희 일이라면 뭐든

하시고, 무조건 저희를 위해 희생하십니다. 늘 저희가 갖고 싶은 것을

먼저 사 주시고, 저희가 잘되기만 바라세요. 저 역시 그런 엄마의 맘을

알기에 엄마의 바람대로 모든 면에서 최대한 모범생이 되려고 노력합

니다.

하지만 언제부턴가 제 마음이 전과 같지 않아요. 저도 친구들처럼 장

난도 치고 놀러 다니고 싶은데, 엄마를 생각하면 마음대로 할 수가 없

어 숨이 막혀요. 그러다 보니 모든 행복을 제게 걸기라도 한 듯 저만

바라보고 사시는 엄마가 부담스럽고 밉습니다. 이런 제가 나쁜가요?

— 민지

심리적으로 분리되어
어른으로 성장하는 과정입니다

민지 님, 숨 막힐 정도로 모든 면에서 모범생이 되고자 애쓴다니, 어쩌면 답답하다는 말만으로는 부족할지도 모르겠습니다. 더구나 자식을 위해 희생하는 엄마를 부담스러워하는 자신에 대해 죄책감까지 느끼는 것 같아 안쓰럽네요.

엄마……. 생각만 해도 가슴 짠한 이름이지요. 자식을 위한 희생을 생각하면 엄마라는 이름 앞에 어떤 부정적인 감정도 가져서는 안 될 것만 같고요.

하지만 아닙니다. 엄마를 미워하는 마음도 얼마든지 생길 수 있습니다. 민지 어머님처럼 자식을 위해 모든 것을 희생하시는 분이라 해도 마찬가지고요. 그런 마음은 열네 살이 겪는 자연스러운 성장 과정입니다.

아기가 태어나면 처음엔 엄마 젖을 먹습니다. 그러다 이가 나기 시작하면 이유식을 먹으며 점차 젖을 떼지요. 아기가 젖을 떼는 것은 하고 싶으면 하고, 하기 싫으면 하지 않는 선택의 문제가 아닙니다. 온전한 사람으로 성장하려면 젖만으로는 부족하기 때문에 이유기를 거쳐 밥을 먹어야 하니까요.

사람의 마음도 이와 비슷하게 자랍니다. 어릴 때는 전적으로 엄마 마음과 내 마음이 같은 상태로 자라지요. 하지만 이가 나면서 스스로 씹을 능력이 생기듯 열네 살 무렵부터는 엄마의 마음과는 구별된 나만의 마음^{자아}이 커지기 시작합니다. 엄마한테서 심리적으로 분리되고 싶어지는 시기가 옵니다. 이 시기를 발달 심리학에서는 '심리적 이유기'라고 합니다.

몸이 자라기 위해 엄마 젖을 떼듯, 마음이 자라기 위해서도 심리적 이유기를 거칩니다. 세상을 살아갈 마음의 힘을 기르려면 반드시 거쳐야 하는 과정이지요. 심리적 이유기를 거치며 '나는 누구이며 어떤 사람인가?'를 고민하고, 이를 통해 '자기 정체감'이라는 일관된 확신이나 신념을 얻게 된답니다.

그러면 엄마를 미워하는 것과 심리적 이유기는 무슨 관계가 있을까요? 나를 위해 희생하는 엄마를 보면 엄마의 기대에 어긋나는 생각이나 행동을 하는 게 쉽게 용납되지 않습니다. 그러나 엄마는 신이 아니기에 완벽할 수 없고, 자식을 사랑하는 동시에 상처를 주기도 한답니다.

민지 님의 어머님은 자식을 위해 희생하는 훌륭한 어머니이지만, 동시에 민지 님에게 감당하기 어려운 부담도 주시는 것 같습니다. 아버지는 함께할 시간이 없을 정도로 바쁘시고, 어머님은 모든 행복을 민지 님에게 걸고 계시다고 했지요? 짐작건대 민지 님의 어머님은 부부 사이에 느껴야 할 기쁨과 자신의 인생 자체에 대한 기쁨 그리고 자식 돌보는 기쁨을 균형 있게 누리지 못하고, 오직 자식에게만 집착하시는 것 같습니다. 그 때문에 민지 님이 부담을 느끼는 것이고요.

한편, 민지 님은 그동안 못 느꼈던 엄마의 나쁜 이미지를 비로소 깨닫기 시작했군요. 그게 바로 심리적 이유기에 접어들었다는 증거입니다. 어릴 땐 엄마가 마냥 커 보이고 좋아 보이기만 했는데, 자라서 보니 엄마도 때론 작고 못난 부분이 있음을 알게 된 것이지요. 그래서 엄마가 밉기도 하고요.

그런데 만약 심리적 이유기에도 엄마에게 좋은 감정만 있다면 어떻게 될까요? 아마 엄마한테서 심리적으로 분리되기가 어려울 겁니다. 좋기만 한 엄마에게서 멀어지기가 많이 미안할 테니까요. 심하면 민지 님처럼 죄책감이 들 수도 있고요. 그래서 열네 살쯤 되면 특별한 이유 없이 엄마가 미워지기도 한답니다.

민지 님의 얘기를 들으니 좀 더 행복한 삶을 위해 어머님께 먼저 상담의 도움을 권하고 싶네요. 하지만 상황이 그렇지 못하더라도 민지 님은 죄책감을 떨쳐 버리세요. 세상의 어떤 부모도 자식이 괴로워하기를 바라지 않는답니다. 다만 어머님은 자신의 사랑이 민지 님에게 어떤 부담을 주는지 모를 뿐이지요. 이 문제가 해결되지 않으면 안타깝지만 민지 님의 상황도 쉽게 달라지기는 어려울 것 같네요.

하지만 희망은 민지 님에게 있습니다. 자신이 심리적 이유기를 거치고 있음을 이해하고 스스로 마음을 돌보세요.

엄마가 미워질 때, '그런 마음이 들 수도 있어, 나는 나쁜 아이가 아니야'라며 자신을 긍정하고, '나는 진정한 나를 찾아가는 중이야'라며 스스로 격려하세요. 단, 엄마에게 미움을 느끼는 자신을 이해하라는 것이지, 엄마를 미워하고 반항하라는 뜻이 아님을 명심하시고요.

그리고 민지 님의 마음을 엄마와 이야기해 보는 것이 좋습니다. 만약 엄마가 이해해 준다면 민지 님에게 큰 기쁨이 될 것이고, 이해하지 못한다 해도 민지 님의 답답함이 어느 정도 전해질 테니까요.

끝으로, 엄마를 많이 사랑하고 있는 자신을 발견하세요. 어떤 종류의 미움이 더라도 바탕엔 사랑이 깔려 있답니다.

내 인생은 나의 것

박건호 작사 · 방기남 작곡 · 민해경 노래

내 인생은 나의 것 내 인생은 나의 것.

그냥 나에게 맡겨 주세요.

내 인생은 나의 것, 내 인생은 나의 것.

나는 모든 것 책임질 수 있어요.

사랑하는 부모님,

부모님은 나에게 너무나도 많은 것을 원하셨어요.

때로는 감당하기 어려웠지만 따라야 했었지요.

가지 말라는 곳엔 가지 않았고 하지 말라는 일은 삼갔기에

언제나 나는 얌전하다고 칭찬받는 아이였지요.

그것이 기쁘셨나요? 화초처럼 기르시면서

부모님의 뜻대로 된다고 생각하셨나요?

그러나 이젠 말하겠어요.

부모님은 사랑을 다 주셨지만

나는 아직도 아쉬워 하는데……

이렇게 그늘진 나의 마음을 그냥 버려 두지 마세요.

내 인생은 나의 것 내 인생은 나의 것.

그냥 나에게 맡겨 주세요.

내 인생은 나의 것 내 인생은 나의 것.

나는 모든 것 책임질 수 있어요.

부모님,

부모님이 살아 오신 그 길이 나의 인생은 될 수 없어요.

시대는 언제나 가고 가는 것. 모든 것이 달라졌어요.

부모님의 어린 시절을 다시 돌아보세요.

그때는 아쉬운 마음이 없으셨나요.

나는 이미 알고 있어요.

부모님이 말하는 모든 것이 사랑인 줄을 나는 알아요.

그러나 내가 원하는 것도 부모님은 알아 주세요.

심리적 이유기의 느낌을 잘 표현한 노래입니다. 1980년대 지금 중학생들의 부모님이 중학생이던 시절에 크게 유행했던 노래인데, 요즘 새롭게 편곡해서 부르더군요. 어떤가요? 시간이 흐르고 시대가 바뀌어도 성장하는 과정의 감성은 비슷하지요?

아들이 창밖으로 뛰어내리려고 했어요

중1 남자 아이의 엄마입니다. 제 자식에 대해 이런 말을 하기는 좀 뭣하지만, 우리 민제는 어릴 때부터 착하고 공부도 잘해서 주변 분들이 부러워하는 아이였습니다. 그런데 중학생이 되면서 학교와 친구들에 대한 불만이 늘고 거칠어지기 시작했어요. 그러다 자기처럼 불만이 많아서 삐뚤어진 친구들을 도와주어야 한다며 일진회에 가입했습니다. 얼마 전에는 일진회를 그만두라고 설득하는 담임선생님께 반항하며 교실에서 창문 밖으로 뛰어내리려 했다는 겁니다. 게다가 담임선생님께는 "당신 같은 선생한테 배우느니 죽어 버릴 거야!"라는 무례한 말까지 했다네요. 이 녀석을 어쩌면 좋을까요?

– 민제 엄마

축구나 농구처럼 **공격성**을 **표출**할 수 있는 **운동**을 권해 보세요

민제 어머님, 많이 놀라고 당황하셨겠습니다. 아들에 대한 걱정과 선생님에 대한 죄송함을 어떻게 풀어야 할지 막막하시지요? 그 심정 충분히 이해합니다.

민제가 다시 밝은 모습으로 돌아오게 하려면 무엇보다 민제를 이해해야 합니다. 사소한 잘못이라면 민제가 저지른 잘못된 행동을 고치도록 이끄는 것이 먼저겠지요. 하지만 이런 큰 잘못은 이미 본인도 깨달았을 것이고, 충분히 힘들어하고 있을 겁니다. 그러니 잘못은 했지만 필요 이상으로 상처받지 않도록 이해하고 보듬어 주어야 합니다.

사실 민제처럼 자신의 화를 다스리지 못해 욱하고 돌발적인 행동을 하는 것은 이 또래 남자 아이들에게 자주 있는 일입니다. 물론 민제는 그중에서도 과했지만요.

민제 같은 행동으로 자신의 감정을 표현하는 것을 심리학에서는 '미성숙한 방어기제' 가운데 '행동화'라고 합니다. '방어기제'란 사람들이 문제 상황에서 마음의 고통으로부터 벗어나기 위해 사용하는 심리적 대처 방법을 말합니다. 청소년기에는 여러 가지 방어기제 중에서도 미성숙한 방어기제를 많이 사용하지요.

그러니까 민제는 지금 내면의 분노로 인한 갈등을 겪고 있고, 이 갈등을 해소하려고 행동화라는 미성숙한 방어기제를 사용한 것입니다. 다시 말해, 마음을 다스리는 데 미숙해서 저지른 실수라는 것이지요.

그럼, 이번엔 일진회에 대해 말씀드릴게요. 민제가 학교와 친구들에 관해 불만이 있었고, 친구들을 도와주려고 일진회에 가입했다고 하셨지요? 이 글만으로는 정확히 알 수 없지만 민제한테는 일진회 아이들의 행동은 나쁘게 보여도, 그 아이들의 마음은 이해되어 도와주어야 할 친구로 여긴 것 같습니다. 방법이 적절하지 않아 문제가 되긴 했지만, 사실 그런 마음은 칭찬하고 지지해 줄 만합니다.

민제를 이해했다면 다음은 담임선생님과 학교의 입장을 헤아리고 도움을 청하세요. 아마 선생님과 학교도 지금 편한 상황이 아닐 겁니다. 하지만 이런 상황일수록 선생님과 학교를 믿어 보시면 어떨까요? 민제가 선생님께 '당신 같은 선생'이라는 말로 실망과 분노를 표현한 것으로 보아 담임선생님은 민제가 기대했던 분인 것 같습니다. 분노와 미움의 뒤에는 언제나 사랑과 소망이 깔려 있으니까요.

바람이 있다면 민제가 분노를 표현한 대상인 선생님께서 민제의 행동에 대해 담담한 가르침을 주시고, 민제의 상처 입은 마음에 대해서는 공감을, 민제의 장래에 대해서는 잘 성장할 것이라는 믿음을 심어 주시면 좋겠습니다. 민제를 책망하지 않고 그렇게 보듬는 순간, 민제는 선생님께 죄송함을 느끼고 마음도 자랄 것입니다. 그러면 이번 실수가 민제에게 상처로 남지 않고 성장의 기회가 될 수 있답니다.

그런데 이런 과정은 상담치료 과정 중에서도 '담아내기'라고 하는 심리치료 기법이라 담임선생님께도 어려울 수 있습니다. 그래도 민제를 향한 담임선생님의 사랑을 믿고 기다려 보세요. 어쩌면 전문가 못지않은 좋은 해결책과 가르침을 주실지도 모릅니다.

다만, 선생님도 사람이기에 지금은 상처를 받았을 수 있습니다. 그러니 어머님이 먼저 부모로서 선생님께 사과하고, 선생님이 평상심을 찾을 때까지 기다려 보세요. 학교에는 상담 전문가만큼이나 갈등 상황에 대한 대처 능력이 풍부하고 학생을 진심으로 사랑하는 선생님이 많으니까요.

끝으로, 민제가 같은 실수를 저지르지 않도록 가르침을 주세요. 사람이 자기 감정에 휩싸여 있을 때는 어떤 합리적인 생각이나 반성도 하기 어렵답니다. 따라서 가르침이 필요한 시기는 이번 일이 민제에게 큰 상처가 되지 않도록 잘 마무리된 다음입니다. 물론 그때쯤이면 민제 스스로도 깨달은 것이 크겠지만, 다시 한 번 돌아보면서 자신의 마음을 살피고, 그릇된 행동을 깨닫고, 그 일의 여파들을 생각하며 반성하는 시간을 부모님과 함께 갖는 것이 좋습니다.

그런 다음엔 이런 행동의 원인이 된 '민제 마음속의 공격성, 분노, 화'를 풀 수 있는 현실적인 해결책을 찾아야 합니다. 보통 축구, 농구, 격투기 같은 운동을 해 보라고 많이 권합니다. 합의된 규칙 안에서 공격성을 표현하는 이런 운동에 몰입하면 마음속 분노를 해결하는 데 도움이 되기 때문입니다.

그러나 무엇보다 민제의 분노를 직접적으로 돌보는 방법은 앞에서 말씀드린 '담아내기'입니다. 민제가 지금 친구 관계나 학교에 불만이 많은 상태라고 하셨지요? 민제가 느끼는 불만에 대해 어머님께서 민제와 자주 얘기하다 보면, 민제가 화를 내는 순간이 있을 겁니다. 그럴 때 앞에서 말씀드린 담아내기를 해주시면 도움이 될 수 있습니다. 하지만 어머님께서는 상담 전문가가 아니기 때문에 감정을 조절하며 대화하기가 어려울 수 있습니다. 그럴 땐 무리하게 대화를 시도하기보다 상담 전문가의 도움을 받아 보세요.

지금은 민제 때문에 당황스러운 일을 겪으셨겠지만, 민제는 분명 이번 일을 계기로 더욱 성장할 것입니다. 그리고 훗날, 자신이 가진 잠재력을 발휘하며 살아가는 민제의 모습을 보며 함께 웃을 날이 반드시 올 것입니다.

◦◦◦◦◦◦ 반항아의 상처

그는 유년 시절에 심각한 문제아였다. 아홉 살 때 이미 통제할 수 없는 공격적인 행동 때문에 학교를 옮겨야 했다. 그는 이름난 반항아였으며, 그의 담임선생님 중 한 명은 그를 세상에 둘도 없는 반항아라고 평가했다.

그는 늘 학교생활에 대한 불만을 노골적으로 드러냈다. 그가 학창 시절에 쓴 글은 오자투성이여서 교정 표시로 가득 차 있었다. 하지만 그가 2차 세계대전에 대한 회고록으로 노벨 문학상을 받을 정도로 문학적 재능이 뛰어난 사람이었다는 점을 고려해 보면, 그가 과거에 작문 실력이 없었다기보다는 '행동화'를 나타냈음을 알 수 있다. *

> 위에서 말하는 반항아는 영국의 총리이자 2차 세계 대전을 승리로 이끈 '처칠'입니다. 그는 어릴 때 마음속 분노를 다스리지 못하고 공격적인 행동으로 표현하는 소문난 문제아였지만, 어른이 되어서는 그 분노를 진짜 분노해야 할 대상에게 제대로 표출해 역사에 길이 남는 영웅이 되었지요.
> 혹시 미성숙한 방어기제 때문에 고통을 겪고 있나요? 아니면 지금 문제아로 불리고 있나요? 사람은 변한답니다. 지금의 모습이 자기의 전부가 아닙니다. 자신이 문제로 남을지, 영웅으로 다시 태어날지, 그것을 이루어 낼 힘은 내 안에 있습니다.

* 『인디언 기우제』(고영건, 정신세계원)에서 요약 인용.

방어기제는 어떤 형태로 표현될까요? *

선생님과 사이가 좋지 않을 때를 가정해 방어기제가 어떻게 나타나는지 볼까요?

1. 미성숙한 방어기제

신체화	신체 질병으로 인한 고통을 지나치게 호소함.
공상	영웅이 악한 인물을 몰아내는 영화나 소설, 만화책 등에 빠져듦.
행동화	선생님의 기대나 학교 규칙에 반하는 행동을 해 학교에 물의를 일으킴.
소극적 공격성	선생님에게 삐딱한 태도를 보이거나 자해를 함.
투사	선생님이 자신을 미워한다고 생각함.

2. 신경증적 방어기제

전위	선생님이 좋아하는 학생에게 나쁜 감정을 품음.
해리	취할 정도로 술을 마시거나 보통 때보다 잠을 많이 잠.
반동 형성	선생님의 말씀을 맹목적으로 받아들임.
이지화	갈등 이면의 감정적인 측면은 빼고 주로 궤변적인 형태의 논리만 내세움.
억압	선생님과 함께 있는 것이 불편하지만 왜 그런지는 잘 모름.

3. 성숙한 방어기제

유머	선생님과 함께 웃고 즐길 수 있는 재치 있는 말과 행동을 함.
이타주의	자신과 비슷한 처지에 있는 친구나 후배를 도움.
예상	예견되는 갈등 상황에 효율적으로 대처할 수 있는 방법들을 미리 연습함.
억제	선생님과의 갈등 상황에서 심리적으로 동요하지 않으려고 노력함.
승화	경쟁적인 스포츠에 몰입하거나 예술 창작 활동으로 내면의 갈등을 표출함.

* 『인디언 기우제』(고영건, 정신세계원)에서 참고 인용.

왼쪽 페이지에 있는 내용 중에서도 청소년기와 가장 관계가 깊은 것은 미성숙한 방어기제입니다. 신체화, 공상, 행동화, 소극적 공격성, 투사 같은 방어기제를 미성숙하다고 하는 까닭은 이 방법들이 당장은 내면의 고통을 덜어 주는 것 같지만, 오히려 주변 사람들과의 관계를 나쁘게 해 더 어려운 상황으로 몰아가기 때문입니다.

청소년기에 겪는 심리적 문제나 외적 갈등은 청소년 자신의 힘만으로는 극복하기 어려울 때가 많습니다. 현실이 그렇다 보니 자신의 무의식이 어떠한지, 자신이 어떻게 삶에 적응하고 있는지 알아봤자 무슨 소용이 있겠냐는 생각이 들 수도 있답니다.

그러나 '아는 것이 힘'이라는 말처럼 심리적 문제의 치유는 자신의 상태를 아는 것에서 시작됩니다. 자신이 어떠한 상태이고 어떤 고통을 겪고 있는지 그리고 그것에 대해 무의식적으로 어떻게 대처하고 있는지를 알면, 그 원인을 생각해 보게 되거든요. 그러면 자신을 이해하게 되고, 스스로 다음 행동을 선택할 힘이 생깁니다. 그래서 자신에 대해 아는 것, 자신을 이해하는 것, 자신을 사랑하는 것이 중요하답니다.

미성숙한 행동 때문에 겪는 고통은 성숙한 어른으로 자라기 위해 겪는 성장통입니다. 청소년 여러분, 성숙하지 못한 행동을 했다고 자책하지 말고 정상적으로 발달하는 과정에 있는 자신을 이해하세요. 그리고 다시 성장할 수 있도록 격려하는 것도 잊지 말고요. 십대는 누구한테나 미숙한 시기입니다. 그렇기에 성년이 아닌 '미성년'이라고 한답니다.

모두 저를 비웃는 것 같아요

제 딸은 지금 중2입니다. 요즘 딸이 노스페이스 재킷을 사 달라고 너무 졸라 대서 고민입니다. 학교에서도 사복을 입히지 말라고 하고 학생이 입기엔 재킷이 너무 비싸서 안 사 주었습니다. 그랬더니 다른 애들이 모두 자기를 비웃는 것 같다고 하네요. 또 노스페이스 재킷을 입지 않으면 왕따 당한다고도 하는데, 재킷을 꼭 사 줘야 할까요?

— 승주 엄마

중1 남학생입니다. 부모님은 이혼했고 저와 형은 엄마랑 살아요. 저는 스쿠터를 좋아하는데 엄마와 선생님의 잔소리 때문에 피곤합니다. 엄마는 보호 장비를 안 하면 스쿠터를 없애 버리겠다고 협박하고, 선생님은 무조건 타지 말라고 해요. 그런데 별로 위험하지도 않은 스쿠터를 타면서 보호 장비를 다 하면 애들이 저를 비웃을 겁니다. 왜 어른들은 별걸 다 간섭하죠?

— 승제

비웃는 것처럼 느껴질 뿐 실제는 그렇지 않을 수 있습니다

승주 어머님, 교복이 있는데도 그런 비싼 옷을 꼭 사야 한다는 아이를 이해하기 어려우시지요? 거기다 그 옷을 입지 않으면 왕따를 당할 거라는 말에 기가 막히고 걱정도 되시고요.

중학생은 때로 어른처럼 똑똑해 보입니다. 좀 더 전문적으로 표현하면 인지 발달이 거의 어른 수준이 되어가지요. 이는 승주 또래 아이들의 일반적인 특징입니다. 하지만 어른 수준이 되어 간다는 말이지 어른과 같은 것은 아닙니다. 이 시기의 청소년들은 어른처럼 똑똑해 보이는 동시에 어린아이처럼 자기중심적으로 생각하는 경향이 있습니다. 그런 특징을 심리학에서는 '상상적 청중'과 '자기 신화' 현상이라고 한답니다.

'상상적 청중'은 주변 사람을 끊임없이 의식해, 모든 사람이 자신을 칭찬하거나 비난한다고 상상하는 것을 말합니다. 부모님이 속삭이는 소리를 듣고 자기 이야기한다고 여기거나, 길모퉁이에서 또래 아이들이 웃으며 이야기 나누는 것을 보고 자신을 비웃는다고 생각하는 것이지요.

하지만 이런 생각은 정말 상상일 뿐입니다. 세상의 중심이 자기라고 생각하는 데서 오는 청소년들의 착각이지요. 아이들은 자기를 중심으로 모든 것을 생각합니다. 다른 사람의 마음도 자기중심으로 상상하거나 추측하지요. 그렇지만 좀 더 성숙하면 모든 사람은 각각 다른 생각을 하고 남이 나를 비웃는 것 같다는 생각은 추측일 뿐, 실제와 다르다는 것을 알게 됩니다.

승주 또래의 아이들은 다른 사람이 자신을 끊임없이 바라보고 평가하는 것 같은 느낌 속에 살고 있습니다. 그래서 때로는 또래보다 우월해 보이고 싶다가, 반대로 또래와 비슷해져서 비난을 피하고 싶기도 하지요. 그래서 승제는 친구들처럼 보호 장비 없이 스쿠터를 타고 싶어 하고 승주는 친구들 사이에 유행하는 노스페이스 재킷을 입고 싶어 하는 것입니다.

승주 어머님, 승주를 이해하는 데 도움이 되었나요? 그렇다면 노스페이스 재킷을 사 주는 문제는 어머님과 승주가 함께 결정할 수 있을 겁니다. 아이의 마음을 이해하고 어머님의 상황을 이야기하면 서로 동의할 수 있는 결론에 도달하는 것이 좀 더 수월할 테니까요.

다만 한 가지 짚고 넘어갈 것이 있습니다. 승주가 그 재킷을 입지 않으면 왕따가 된다고 했지요? 이 말은 승주가 단지 친구들과 동질감을 느끼고 싶어서 그런 강한 표현을 한 건지, 아니면 정말 뭔가 문제가 있는지 살펴보세요.

이 시기의 아이들은 누구나 친구 관계에 대해 어느 정도 고민을 하므로 적당한 고민은 자연스럽게 여기셔도 좋습니다. 하지만 지금 왕따나 폭력 같은 괴롭힘을 당하고 있거나, 전에 그런 경험이 있어서 불안한 것이라면 더 큰 관심이 필요하고, 정도에 따라서는 전문가를 만나 볼 필요도 있습니다.

이제 승제 님 이야기로 넘어가 보겠습니다.

승제 님, 부모님이 이혼해서 괴로울 텐데, 그래도 좋아하는 것을 찾아서 즐기고 있으니 참으로 기특합니다. 승제 님을 이해하지 못하는 어른들 때문에 불만이 많지요? 그런데 안타깝게도 저 역시 비슷한 얘기를 해야겠습니다.

스쿠터 타는 승제 님 마음은 충분히 이해할 수 있습니다. 스쿠터라도 타지 않으면 가슴이 폭발할 것 같고, 스쿠터를 타는 동안만큼은 스쿠터가 내 마음 대신 소리 내어 울어 주기도 하며, 바람을 가르며 질주할 때는 답답한 상황에서 벗어난 듯 고통을 잊을 수 있었을 겁니다.

'스쿠터 타는 것이 별로 위험하지 않다'고 생각하는 것도 이해할 수 있습니다. 승제 님 또래는 다른 사람한테는 일어날 수 있는 일이 자기한테는 일어나지 않을 거라고 믿는 경향이 있거든요. 바로 '자기 신화' 현상이지요. 그래서 승제 님뿐 아니라 많은 청소년이 보호 장비 없이 오토바이를 타기도 하고, 피임약 없이 성관계를 하거나, 폐암 같은 건 아랑곳하지 않고 담배를 피웁니다.

하지만 이런 믿음은 정말 마술적인 믿음입니다. 위험은 모든 사람에게 똑같습니다. 자신만 비껴가지는 않지요. 저의 제자 중에도 오토바이를 타다 사고로 죽은 학생이 있습니다. 그때 오열하던 부모님 모습이 지금도 선합니다. 제게도 아주 마음 아픈 기억이고요.

승제 님, 받아들이기 어렵더라도 어른들의 조언에 따라 보호 장구를 착용하는 게 어떨까요? 아니면 좀 더 자란 후에 스쿠터를 타면요? 지금 승제 님이 가진 마술적 믿음은 초기 청소년기의 특성입니다. 조금만 시간이 지나, 십대 후반만 되어도 대체로 이런 마술적 믿음 즉, 자기 신화 현상이나 상상적 청중 현상은 약해진답니다.

승제 님은 아직 좀 어린 생각을 하는 자기 자신을, 승주 어머님은 승주를 이해하세요. 자기 신화적인 마술적 믿음이 옅어지고, 상상 속의 청중은 실제가 아님을 깨닫는 시기가 곧 오니까요.

냉동차 안에서 얼어 죽은 사람

화물 회사에서 일하는 한 남자가 있었다. 어느 날 그가 냉동차 짐칸에 들어가 물건을 꺼내고 있었다. 그런데 갑자기 밖에서 문이 철커덕 잠기고 말았다. 게다가 운전기사는 지체 없이 운전석에 올라 차를 출발시켜 버렸다.

그는 눈앞이 깜깜했다. 소리를 지르고 문을 발로 차 보았지만, 아무 소용이 없었다. 냉동차는 고속도로만 달리는지 쌩쌩 바람 소리만 들렸다.

'아, 이제 나는 죽었구나. 으, 추워.'

그는 절망한 채 그 자리에 주저앉았다. 시간이 지나면서 그의 몸은 점점 차가워졌고, 턱이 덜덜덜 소리를 내며 떨리기 시작했다. 점차 손발이 얼어붙는가 싶더니 곧 팔도 움직일 수 없게 되었다.

'하필이면 냉동차 안에 갇히다니, 아…… 너무 춥다.'

그는 사랑하는 가족을 떠올리며 정신을 차리려고 애를 썼다. 하지만 점점 정신이 희미해지고 몸도 더 굳는 것 같았다. 다시 한 번 일어나 고함을 지르고 문을 두드리고 싶었지만, 이미 온몸이 얼어붙어 불가능했다.

그 사실을 알 리 없는 운전기사는 몇 시간 후에야 차를 멈췄다. 사람들이 냉동차 짐칸에 물건을 실으려고 문 쪽으로 다가왔다. 드디어 냉동차 문이 덜컥, 하고 열렸다.

"세상에 이럴 수가!"

"무슨 일인데 그래?"

사람들이 하나 둘 문 앞으로 몰려들었다.

"고장 난 냉동차 안에서 사람이 얼어 죽었어!"

"뭐라고?"

차갑게 얼어 죽은 시체를 본 사람들은 모두 벌린 입을 다물지 못했다.

사실 그 냉동차는 오래전부터 고장이 나 있었다. 냉동차 안은 공기도 충분했으며 온도도 적절했다. 다만 고속도로를 달리느라 벌어진 틈새로 찬바람이 조금 들어왔을 뿐이었다. 그런데도 그 안에서 사람이 얼어 죽은 것이다. *

냉동차 안의 온도는 실제로 사람이 얼어 죽을 만큼 낮지 않았습니다. 그렇다면 이 남자는 무엇 때문에 죽었을까요? 바로 자신의 마음 때문이었습니다. 그는 냉동차 안에 갇혔으니 당연히 얼어 죽을 거라고 믿은 것입니다. 마음을 다스리는 일이 얼마나 중요한지 알겠지요?

* 『빛깔이 있는 학급 운영 1』 (우리교육 엮음, 우리교육)에서 인용.

잠을 이렇게 많이 자도 괜찮을까요?

얼마 전 학교에서 심하게 왕따를 당했습니다. 그 뒤 학교를 잠시 쉬고, 담임선생님과 부모님의 권유로 정신과 치료를 받았습니다. 지금은 복학해 학교에 잘 다니고 있는데, 학교에 다녀오면 너무 피곤해서 날마다 열두 시간 가까이 잠을 잡니다. 주말엔 열다섯 시간 이상 자기도 합니다.

그런데 이렇게 많이 자는데도 항상 피곤하고 기운이 없어요. 학교생활에도 별문제가 없는데 왜 이렇게 힘들고 자꾸 잠이 오는지 모르겠습니다. 이렇게 많이 자도 괜찮을까요?

– 소영

심리적 고통을 지우기 위해
에너지를 많이 쓰고 있습니다

소영 님, 학교까지 쉬면서 정신과 치료를 받았다니 마음의 상처가 얼마나 깊었을지 짐작이 갑니다. 사람은 사회적 동물이기에 고립되면 죽을 것 같은 고통을 느낀답니다. 그 어려움을 이겨 낸 소영 님에게 살아 있어 줘서 고맙다는 말을 전하고 싶습니다.

소영 님, 지금은 정신과 치료도 받았고, 학교생활도 무난한 편인데, 왜 이렇게 힘들고 잠이 많은지 이유를 몰라 답답하지요?

그건 치료를 통해 정신적인 큰 상처는 나았어도, 일부 심리적 상처가 아직 남아 있기 때문입니다. 자꾸 잠이 오는 것은 소영 님의 무의식이 이 상처를 치유하는 과정에서 일어나는 자연스러운 현상이고요. 큰 사고를 당해 많이 다치면 상처가 나은 뒤에도 일정 기간 재활 치료가 필요한 것처럼 말이에요.

왕따 같은 큰 고통을 겪게 되면 사람의 무의식은 그 상황을 견뎌 내기 위해 '해리'라는 방어기제를 쓰기도 합니다. 드라마 〈시크릿 가든^{SBS, 2010}〉의 주인공 현빈처럼 매우 고통스러운 일을 겪은 뒤 부분적으로 기억을 잃는 것도 해리 현상의 하나입니다. 소영 님처럼 잠을 많이 자는 것도 마찬가지고요.

이런 무의식적 방법은 다른 방어기제보다 심리적 에너지가 많이 듭니다. 하지만 겉으로는 멀쩡해 보이기 때문에 관심을 두고 돌보지 않는 경우가 많습니다. 때로는 게으르다는 오해도 받고요. 그래서 본인조차 학교생활이 무난한 편인데 왜 이렇게 잠을 많이 자는지 이해하지 못하는 것이지요.

바로 얼마 전에 정신과 치료를 받았을 정도의 큰 고통을 겪고, 다시 학교로 복귀하는 일은 그렇게 쉬운 일이 아니랍니다. 사람은 누구나 자신을 힘들게 하거나 불안하게 만드는 것을 피하고 싶은 본능이 있습니다. 그런데 소영 님은 치료를 받긴 했지만 본능과 반대로 의지에 따라 학교에 가야 하는 상황이네요.

비유하자면, 복숭아 알레르기 환자가 알레르기 치료를 받은 후 의식적으로 복숭아를 먹으려 시도하는 것과 같습니다. 환자는 치료를 받기는 했어도 아직 알레르기에 대한 공포가 남아 본능적으로 복숭아를 피하고 싶을 겁니다.

그런데 문제가 복숭아 알레르기 정도라면 복숭아가 먹고 싶어질 때까지 안 먹으면 그만이지만, 왕따로 인한 상처는 그럴 수 없지요. 학교에 안 다닐 수도 없고, 친구 없이 십대를 보낼 수도 없으니 말이에요. 소영 님에게 나타나는 해리 현상은 이러한 상황에 적응하기 위한 최선의 방법인지도 모릅니다.

소영 님, 자신의 상태가 조금 이해되었나요? 그런데 소영 님처럼 왕따 같은 큰 상처가 없는데도 과도한 잠 때문에 고민하는 청소년이나 그런 현상을 걱정하는 부모님이 많이 있답니다.

과도한 잠의 원인은 대체로 두 가지로 볼 수 있습니다. 첫째는 심리적 이유기에 느끼는 각종 부정적 감정을 극복하려고 해리 방어기제가 작동하기 때문입니다. 청소년은 정서적으로 독립해 가는 과정에서 부모님에 대한 미움이나 분노를 자주 느끼는데, 이는 감당하기 어려운 감정이지요. 둘째, 성격이나 마음도 성숙하는 과정이라 혼란스러운 상황을 겪게 되니 이성적으로나 감정적으로 모두 힘든 때입니다. 어렵고 힘든 생각과 감정들을 동시에 극복하려면 에너지를 많이 쓸 수밖에 없겠지요? 그래서 이 시기의 청소년이 잠을 많이 잔답니다.

두 번째 원인은 사춘기는 신체적으로 성장하는 시기이기 때문입니다. 사춘기는 2차 성징이 나타나면서 신체가 급속하게 성장하는 시기입니다. 2차 성징기에는 우리 몸의 성호르몬이 작용해 성기가 급격하게 발육하면서 신체적으로 남자다움과 여자다움이 두드러지게 됩니다. 잠을 많이 자야 키가 큰다는 말이 있지요? 이 시기의 청소년들은 몸의 분비물이 많아져 머리도 진득진득해지며 잠도 많아집니다. 그러는 과정에 2차 성징이 나타나기도 하고 키가 훌쩍 자라기도 하지요. 다 자연스러운 성장의 과정이에요.

어떤가요? 소영 님이 큰 고통을 겪었기에 앞에서는 그 고통에 집중해 설명했지만, 뒤에 설명한 사춘기의 일반적 특성도 잠이 많아지는 데 한몫했을 수 있습니다. 그러니 자신의 상태를 좀 더 편안하게 생각하면 좋겠습니다.

다만 걱정스러운 것은 소영 님의 건강입니다. 성장을 위한 잠과 달리 해리로 인한 잠은 건강을 해칠 수 있거든요. 소영 님은 하루에 열두 시간 이상 잔다고 했는데, 그러면 몸이 가벼워지기보다는 머리가 더 무거워지거나 몸의 어딘가가 저리고 아플 수 있습니다. 충분히 잠을 자는 것 같은데도 소영 님이 기운 없어 한다면 당연히 부모님도 걱정하시겠지요. 잘 먹고, 영양제도 챙겨 먹고, 산책이나 걷기 같은 편안한 운동도 하기를 권합니다.

소영 님은 어린 나이에 큰 고통을 겪었고, 지금은 그것을 이겨 내는 방법을 배우는 중입니다. 지금 이 과정을 잘 보내고 나면, 인생에서 또 다른 어려움을 만났을 때 잠을 많이 자지 않고도 고통을 이겨 낼 수 있는 내면의 힘이 생길 겁니다. 기운 내세요. 파이팅!

내가 아는 나와 다른 사람들이
생각하는 내가 달라요

저는 중학교 1학년 여학생입니다. 요즘 들어 '나는 어떤 사람일까?' 하는 생각을 많이 합니다. 그리고 가끔은 내가 생각하는 내 모습과 다른 사람들이 생각하는 내 모습이 달라서 무척 혼란스럽습니다.

저는 제가 바라는 사람이 될 수 있을까요? 책에서는 '노력하면 될 수 있다'고 하고, 저도 막연히 그렇게 생각하고 있습니다. 그런데도 자꾸 저 자신에 대해 많이 생각하게 됩니다. 그리고 다른 친구들은 고민 없이 즐겁게 잘 지내는데, 나만 이런 고민을 하는 것 같아서 '나는 왜 이러지?' 하는 걱정도 듭니다. 저는 왜 이런 고민을 많이 할까요?

- 현지

•• 나도 잘 모르는
나의 모습이 있습니다

질문에 '많이'라는 표현이 자주 나오는 걸 보니, 현지 님이 정말 많이 혼란스러워하는 게 느껴집니다. 또 친구들은 고민 없이 잘 지내는데 나만 다른 것 같다니 자신에 대해 걱정스럽기도 하고, 친구들 사이에서 이질감도 느낄 테고요.

현지 님이 '나는 왜 이런 고민을 많이 할까?'라고 물었지요? 지금 현지 님이 하는 고민은 그 또래가 가장 많이 하는 고민 중 하나랍니다.

발달 심리학자 에릭 에릭슨은 사람은 한평생 사는 동안 각 성장 단계별로 위기를 겪는다고 했습니다. 물론 그 위기를 겪은 뒤에는 성과도 있고요. 에릭 에릭슨의 이론을 따르자면, 현지 님은 지금 '정체감 대 역할 혼미'의 단계입니다. 이 시기를 잘 겪어 내어 자기 정체감이 형성되면 어른이 되었을 때 자신의 의지를 잘 이끌어가는 능력을 갖추게 된답니다. 즉, 현지 님은 지금 나이에 겪는 가장 일반적이면서도 필수적인 성장통을 겪고 있다는 뜻이지요. 아주 잘 성장하고 있다는 얘기입니다.

그러면 이 성장통을 잘 겪는 방법은 없을까요? 물론 있습니다.

첫 번째 방법은 자기 정체감이란 무엇인지 그 뜻을 아는 것입니다. 자기 정체감이란 자신이 어떤 사람인지에 대한 확신과 신념을 말합니다. 지금 현지 님이 고민하는 나는 누구일까? 어떤 사람일까?의 답이지요. 예를 들면, '나는 노래를 좋아하는 사람이다', '나는 내성적인 사람이다' 같은 것 말이에요.

아는 것이 힘이라는 말이 있듯, 뜻을 알면 자기의 정체감을 찾는 데에도 도움이 됩니다. 또 자기 정체감을 찾다가 혼란을 겪을 때는 이를 성장에 필요한 과정으로 받아들이고 그 순간을 덜 힘들게 보내는 지혜가 되기도 하고요.

성장통을 잘 겪는 두 번째 방법은 역할 혼미 상태란 무엇인지 아는 겁니다. 역할 혼미 상태는 자기 정체감이 아직 제대로 형성되지 않은 상태를 말합니다. 자신이 어떤 사람인지에 대한 확신과 신념이 없어서 삶에서 자신의 고유한 역할이 무엇인지를 모르고 살아가는 상태를 말하지요.

이런 상태에 있으면 가치관이나 인생관이 확립되지 않아서 인생에 대한 기대나 희망 없이 되는 대로 살아갈 가능성이 높아요. 그러다 보면 결국, 인생이 행복하지 않아 마음에 병이 들거나, 심해지면 자살이나 폭력 같은 반사회적인 행동을 할 수도 있습니다.

현지 님에게 그런 일이 있을 리는 없겠지만, 만약 자기 정체감을 찾는 과정이 너무 오래가면서 이런 징후가 보이면 정체감이 제대로 형성되고 있는지 점검할 필요가 있다는 뜻이랍니다.

세 번째 방법은 자기 정체감을 제대로 형성하도록 자기 발견, 자기 이해, 자기 수용의 경험을 쌓는 것입니다. 이 부분이 현지 님의 고민과 가장 관련 있지요. 자기 정체감을 형성하려면, 자신이 누구이고 어떤 사람인지 알아야 합니다. 그리고 그것이 긍정적인 모습이든 부정적인 모습이든 전체적으로 이해해 여러 가지 모습을 모두 '나'로 받아들이는 과정이 필요합니다.

이건 무의식에 관련된 내용이어서 어려울 수도 있으니, 이해를 돕기 위해 다음 그림을 보며 설명하겠습니다.

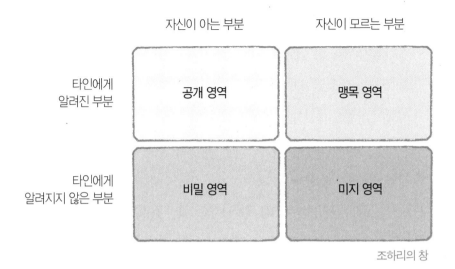

	자신이 아는 부분	자신이 모르는 부분
타인에게 알려진 부분	공개 영역	맹목 영역
타인에게 알려지지 않은 부분	비밀 영역	미지 영역

조하리의 창

위의 그림는 사람의 마음을 창문에 비유하여 설명한 '조하리의 창 Johari's windows'입니다. 이 그림을 보면 사람의 마음이 네 가지 영역으로 구성되어 있음을 알 수 있지요. 나도 알고 남도 아는 부분 공개 영역, 나는 알지만 남은 모르는 부분 비밀 영역, 나는 모르지만 남은 아는 부분 맹목 영역, 나도 모르고 남도 모르는 부분 미지 영역입니다.

현지 님이 '내가 생각하는 내 모습과 다른 사람들이 생각하는 내 모습이 달라서 혼란스럽다'고 느낀 건 맹목 영역에 대해 잘 모르기 때문이에요. 사실 많은 사람이 맹목 영역을 잘 모르고 살아갑니다. 그래서 때로 '내 마음은 그렇지 않은데 다른 사람이 나를 오해해서 억울하다'는 하소연을 하지요.

그러면 어떻게 해야 맹목 영역을 나도 알게 되어 남이 아는 나와 내가 아는 나의 차이를 줄이고, 나를 더 잘 이해할 수 있을까요? 그 방법 중 하나는 다른 사람들이 내 행동에 대해 어떻게 반응하는지 관찰하는 것입니다. 그런 다음 결과를 선택해 인정하고 받아들이는 것이지요.

이해를 돕기 위해 비유를 해 볼게요. 각각의 사람이 서로 다른 사람임을 알 수 있는 신체의 가장 중요한 부분이 어디일까요? 보통은 얼굴이지요. 그럼 자신의 얼굴이 어떻게 생겼는지 어떻게 알 수 있을까요? 거울을 보면 알겠지요? 그런데 거울이 없다면요? 그럴 땐 여러 사람이 내 얼굴에 대해 말하는 것을 종합해 보면 대충 비슷하지 않을까요?

나를 아는 과정도 이와 비슷합니다. 나를 더 많이 알려면 내가 어떤 상황에서 어떻게 반응하는지 다른 사람들의 이야기를 종합해 공통점을 찾으면 됩니다. 그러려면 여러 상황을 용기 있게 자주 경험하는 것이 좋겠지요?

그리고 마음을 거울에 비추어 보는 방법도 있습니다. 마음을 거울에 비추어 본다는 표현이 생소한가요? 쉬운 말로 하면 '상담'입니다. 상담을 받으면 상담자는 내담자^{상담을 받는 사람}가 받아들일 수 있는 상태에서 그가 어떤 사람인지 있는 그대로 말해 주거든요. 마치 거울처럼요. 그래서 상담을 받으면 자기 이해가 높아지고 성숙하게 됩니다. 그러면 자기 이해를 높이려면 모든 사람이 다 상담을 받아야 하느냐고요? 물론 그건 아닙니다.

전문 상담자가 아니더라도 상담자처럼 현지 님을 있는 그대로 이해하고 솔직히 말해 줄 사람과 이야기를 하면 도움이 됩니다. 그런 사람은 부모님일 수도, 선생님일 수도, 친구일 수도 있지요. 이때 유의할 점은 그 사람들은 모두 자기 나름대로 해석한 현지 님에 관해 이야기하는 것이니 그들의 의견을 무조건 받아들이려 할 필요는 없다는 것입니다. 여러 이야기 중에서 공통되는 부분이 있다면 곰곰이 생각해 보고 자신이 받아들일 수 있는 만큼만 자신의 모습이라고 인정하면 됩니다. 그런 과정이 바로 자기 이해를 넓히고 자신을 수용하는 과정입니다.

다른 사람들한테서 자신에 대한 얘기를 듣는 과정이 두렵거나 얘기를 해 줄 만큼 믿을 만한 사람이 주변에 없다면 스스로 자신의 행동을 돌이켜 보는 것도 좋은 방법입니다. 자신의 행동을 타인의 행동인 양 바라보고, 다른 사람의 처지에서 생각해 보세요. 그리고 느낀 점을 노트에 적어 보고요. 그런 과정을 반복하면 자신을 객관적으로 보는 힘이 더 강해진답니다.

앞에서 얘기했듯이 지금 현지 님은 또래들이 당연히 겪는 성장통을 겪고 있습니다. 다행히 이를 극복하기 위한 방향도 알고 있는 듯해요. 할 수만 있다면, 혼자서 고민하기보다 마음을 나눌 친구를 찾아 함께 이야기하면 어떨까요? 지금 겪고 있는 어려움이 나만 겪는 것이 아니라 많은 사람이 겪는 것임을 알 때, 사람은 견딜 수 있는 힘이 더 강해지거든요.

제 성격이 정말 이상한 걸까요?

저는 중1 여학생입니다. 얼마 전 학교에서 심리 검사를 했는데 결과가 정말 이상하게 나왔습니다. 제가 자기존중감이 낮고, 사회성도 낮고, 학습 의욕도 부진하다는 겁니다. 저는 원래 밝고 활동적이라는 말을 자주 들어 왔고, 학급 임원도 계속했으며, 성적도 좋았습니다.

하지만 요즘 부쩍 '나는 앞으로 뭘 해야 할지, 내가 뭘 잘하는지에 대한 고민이 느는데, 친구들에게 얘기해 봤자 예민하게 반응하거나 말이 잘 안 통해서 점점 속 얘기는 하지 않게 됩니다. 또 학교 분위기는 공부로 모든 걸 평가하는 것 같고, 친하던 친구들도 전처럼 편하지 않아 마음속에 점점 불만이 쌓입니다. 심리 검사 때 솔직하게 적으라기에 요즘 복잡한 마음을 적었을 뿐인데, 제가 마치 이상한 아이인 것 같은 결과가 나와서 황당합니다.

- 진아

청소년기의 성격은 이상한 게 보통입니다

진아 님, 심리 검사에 요즘의 복잡한 심경을 솔직히 적었을 뿐인데, 결과가 이상하게 나와 황당해하고 있군요? 자신의 성격이 정말 이상한지 궁금한가요?

결론부터 말씀드리면, 아닙니다. 진아 님의 성격은 전혀 이상하지 않답니다. 오히려 진아 님은 나이에 걸맞게 친구 관계와 자신의 장래에 대해 고민하고 있는 것 같은데요? 게다가 고민을 숨기지 않고 심리 검사에 표현할 용기도 있고요. 다만 심리 검사 결과를 해석하는 데에는 좀 더 전문적인 도움을 받으면 좋겠다는 생각이 드는군요.

요즘 들어 진로 고민이 늘고 학교 분위기도 경쟁적으로 흘러가 친구 관계가 전과 같지 않다고 했지요? 그래도 진아 님의 말을 들어 보면 자신은 본래 학급 임원을 꾸준히 했을 정도로 성격이 밝고 친구 관계가 좋은 사람이라고 생각하고 있네요. 성적도 좋았다고 하니, 특별한 문제가 없다면 학습 의욕이 부진하다는 건, 진로 고민으로 마음이 복잡해져 공부에 집중하기 어려워진 상태가 표현된 것 같습니다.

진아 님이 심리 검사 결과에 황당해하고 제게 털어놓는 걸 보니, 아마도 심리 검사가 이런 자신의 속마음을 읽어 주길 바랐던 것 같네요. 그런데 검사 결과가 속마음과 다르게 나와서 당혹스러운 것이고요.

심리 검사 결과에 대한 이해를 돕기 위해 심리 검사의 특성에 대해 잠시 설명할게요. 심리 검사는 사람의 마음을 이해하는 매우 유용한 도구입니다. 하지만 성격의 단편적 측면만을 측정하는 한계가 있기도 해서 심리적 변화가 큰 청소년 시기에 적용할 때는 결과에 대한 포괄적이고 심층적인 해석이 매우 중요하답니다.

그렇다고 심리 검사 결과가 틀렸다거나 무시하라는 뜻이 아닙니다. 심리 검사 결과는 현재 진아 님의 복잡하고 힘든 마음을 표현한 것입니다. 그러니 과도하게 염려를 키우거나 본인의 성격을 깎아내리지 마세요. 심리 검사는 자신을 이해하고 성장시키는 도구로 활용하기 위해 시행하는 것이니까요.

한 가지 더, 진아 님의 심리 검사 결과를 이해하기 위해서는 청소년기의 성격 발달에 대한 지식이 있으면 도움이 됩니다. 본론부터 말하자면, 청소년기의 성격 발달 과정은 마치 성격 장애인과 같은 상태라고 할 수 있답니다. 좀 더 쉽게 표현하면 청소년기의 성격은 이상한 것이 보통입니다. 이러한 청소년기의 특성을 정신과 전문의 이시형 박사님은 '정상적 정신분열증'이라고 했답니다. 즉, 누구나 겪게 되는 성장 과정의 한 단계일 뿐이라는 뜻이지요.

성격 발달을 쉽게 이해할 수 있도록 어린아이 시기부터 단계별 특징을 설명해 볼게요.

사람은 출생 후부터 계속해서 성격 발달을 진행한답니다. 태어나서부터 여섯 살 이전의 미취학 아이들에게는 현실에 적용하여 생존하기 위한 성격을 발달시키는 것이 가장 큰 과제지요. 그래서 이 시기의 아이들은 현실을 자기가 받아들일 수 있는 상태로 변화시키거나 왜곡시킵니다.

예를 들어 장난감 자동차, 비행기, 배가 너무 갖고 싶은 여섯 살짜리 아이가 있다고 가정해 볼게요. 이 아이는 나무블록 하나를 가지고 놀면서 그 나무블록을 자동차로 만들었다가, 비행기로 만들었다가, 배로 만들기도 합니다.

진아 님에게 나무블록을 가지고 자동차나 비행기 또는 배로 생각하고 한 시간 정도 놀라고 했다고 가정해 보세요. 아마 그 한 시간은 무척 지루하고 힘들 겁니다. 그러나 여섯 살 아이는 현실을 변화시킬 줄 압니다. 그래서 나무블록 하나로 몇 시간씩 놀 수도 있고, 때로는 그 나무블록이 자동차라고 우기면서 억지를 쓰기도 한답니다.

하지만 청소년이나 어른이 이런 상태라면, 대부분 정신과 치료를 받아야 하는 것으로 진단되지요. 즉, 어른이 현실을 왜곡시키는 건 '망상'이라고 하여 치료를 받아야 하는 상태이지만, 여섯 살 아이가 현실을 왜곡시키는 건 정상적인 발달 과정 중의 하나라는 얘기입니다.

이런 발달 과정을 진아 님의 시기, 즉 청소년기에 적용해 볼게요. 여섯 살 이전에는 현실에 적응하여 생존하는 것이 가장 큰 과제였다면, 청소년기의 가장 큰 과제는 자기 정체감 형성과 대인 관계 맺기를 배우는 것입니다. 지금 진아 님의 고민이 이 두 가지와 관련이 있지요.

사람은 사회적 동물이기에 대인 관계 맺기는 생존을 위해 아주 중요한 사회적 기술입니다. 그런데 만약 대인 관계 맺기에 실패하여 절망하거나 고립되면 사람들은 죽을 것 같은 고통을 겪습니다. 그래서 이 시기의 청소년들은 고립에 따른 불안을 없애기 위해 친구 사귀기에 열중하고, 자신이 가진 여러 사회적 기술을 실험하지요. 하지만 말 그대로 실험 단계이기 때문에 실제 관계 맺기에서는 여러 가지 미숙한 모습이 나타난답니다.

친구의 한 사소한 말 한마디에 예민하게 반응하고 싸우거나, 속으로는 친구들과 친하게 지내고 싶으면서도 거절당할까 봐 오히려 멀리하기도 하고, 반대로 과장되게 친한 척하며 애정을 끌려고도 하며, 잘난 척을 하면서 다른 친구들 위에 군림하거나 인정을 바라기도 하지요.

혹시 진아 님의 친구 관계가 이전과 달리 불편해진 까닭이 이런 것이라면 자연스러운 발달 과정으로 볼 수 있습니다. 하지만 성인기에 이런 행동을 한다면 다른 사람들을 힘들게 할 수도 있기 때문에 정도가 심하면 '성격장애'로 진단되기도 합니다.

중요한 건 청소년기에는 누구나 이러한 행동을 보일 수 있다는 사실입니다. 행동은 감정으로부터 일어나고, 감정은 사고와 관계가 있습니다. 청소년기는 사고와 감정이 급격하게 변화를 일으키는 시기입니다. 그래서 '질풍노도의 시기'라고도 하지요. 자신의 행동을 실제 대인 관계에 적용해 타인의 반응을 살피고, 동시에 자신의 행동도 되돌아보며 자신과 타인이 함께 조화를 이뤄 가는 방법을 찾아가는 것이 바로 성장의 과정이지요.

진아 님이 상담을 청하며 털어놓은 것 외에 다른 문제가 없다면, 요즘 진아 님의 마음이 복잡해지거나 친구 관계가 불편해진 까닭도, 모두 청소년기의 정상적 발달 특성이 주된 원인입니다.

그러니 지금까지 이야기한 청소년 발달과 심리 검사에 관한 지식을 바탕으로, 자기 성격에 관한 오해와 염려를 털어 버리기 바랍니다. 오히려 이 심리 검사 결과를 계기로 자기 이해를 높여, 마음을 더 돌보는 심리적 성장의 기회로 활용하면 좋겠습니다.

성격장애란 어떤 것인가요?

어릴 때부터 형성된 개인의 성격이 성인기에도 부적응 양상을 나타내는 경우를 성격장애라고 합니다.

인지, 정동, 대인 관계 기능, 충동 조절 가운데 두 개 이상의 영역에서 문제가 나타나면 성격장애로 진단합니다. 또 이런 부적응적 행동양식 때문에 정신적, 기능적 장애가 생기는 경우를 성격장애라고 합니다.

미국정신의학회가 펴낸 『정신장애의 진단 및 통계 편람』에서는 성격장애를 열 가지 하위 유형으로 구분하고 있는데, 다음과 같습니다.

· 편집성 성격장애 · 분열성 성격장애 · 분열형 성격장애	사회적으로 고립되어 있고 특이한 성격을 나타냄
· 반사회성 성격장애 · 연극성 성격장애 · 경계성 성격장애 · 자기애성 성격장애	정서적이고 극적인 성격을 나타냄
· 강박성 성격장애 · 의존성 성격장애 · 회피성 성격장애	불안하고 두려움을 많이 느낌

영웅

머라이어 캐리 작사 · 작곡 · 노래

There's a hero If you look inside your heart
당신의 마음속을 들여다보면 거기엔 영웅이 있어요

You don't have to be afraid of what you are
자기 자신 그대로의 모습을 두려워하지 말아요

There's an answer If you reach into your soul
당신의 영혼에 다가가 보면 해답을 찾을 수 있죠

And the sorrow that you know will melt away
그러면 당신의 아픔이 녹아 사라질 거예요

It's a long road When you face the world alone
세상을 혼자서 맞서는 건 머나먼 길과 같아요

No one reaches out a hand for you to hold
아무도 당신이 붙잡을 손을 내밀어 주지 않아요

You can find love If you search within yourself
자기 자신의 마음속을 살펴보면 사랑을 발견할 수 있어요

And the emptiness you felt will disappear
그러면 당신이 느꼈던 공허함은 사라질 거예요

Lord knows Dreams are hard to follow
신은 아시죠 꿈을 좇는 삶이 어렵다는 것을

But don't let anyone tear them away
하지만 아무도 꿈을 짓밟게 해서는 안 돼요

Hold on There will be tomorrow in time
꿋꿋이 버티면 내일이 다가오고

You'll find the way
때가 되면 길을 찾게 될 거예요

And then a hero comes along
그때 영웅이 다가와

With the strength to carry on
살아갈 힘을 주지요

And you cast you fears aside
그러면 당신은 두려움을 던져 버리고

And you know you can survive
살아갈 수 있다는 걸 알게 돼요

So when you feel like hope is gone
그러니 희망이 사라졌다고 느껴지면

Look inside you and be strong
자신의 내면을 들여다보고 강해지세요

And you'll finally see the truth that a hero lies in you
그러면 마침내 영웅은 자신 안에 존재한다는 진실을 알게 될 거예요

여기서 말하는 영웅은 누구일까요? 바로 당신 자신이에요. 세상살이가 힘들어서 희망이 없는 듯 느껴질 때 잠잠히 자신의 내면을 바라보세요. 내 안에 신의 형상을 닮은, 누구보다 강한 영웅이 있음을 보게 될 거예요.

제^齊나라의 환공^{桓公}이 대청마루 위에서 책을 읽고 있었다.

윤편^{輪扁}이 그 밑에서 수레바퀴를 깎고 있다가, 몽치와 끌을 내려놓고 올라가 환공에게 물었다. "전하께서 읽으시는 건 무슨 말을 쓴 책입니까?"

환공이 대답했다. "성인의 말씀이지."

"성인이 살아 계십니까?"

"벌써 돌아가셨다네."

"그럼 전하께서 읽고 계신 것은 옛사람의 찌꺼기이군요."

환공이 말했다. "내가 책을 읽고 있는데 바퀴 만드는 목수 따위가 어찌 시비를 거느냐? 이치에 닿는 설명을 하면 살려 주되, 그렇지 못하면 죽이겠다."

윤편이 대답했다.

"제 일로 보건대, 수레를 만들 때 너무 깎으면 헐거워서 튼튼하지 못하고 덜 깎으면 빡빡하여 들어가지 않습니다. 더 깎지도 덜 깎지도 않는다는 일은 손짐작으로 터득하여 마음으로 수긍할 뿐이지 입으로 말할 수가 없습니다. 거기에 비결이 있어, 제가 자식에게 깨우쳐 줄 수 없고 제 자식 역시 제게서 이어받을 수가 없습니다.

그래서 일혼인 이 나이에도 수레바퀴를 깎고 있는 겁니다. 옛사람도 전해 줄 수 없는 것들과 함께 죽어 버렸습니다. 그러니 전하께서 읽고 계신 것은 옛사람들의 찌꺼기일 뿐입니다!"

『장자莊子』외편外篇, 천도天道에서

14살을 위한 심리학책을 내자고 제안 받았을 때, 기쁘기도 하고 부담스럽기도 했습니다. 마침 제가 교직생활 중 가장 많은 담임교사직을 수행했던 학년이 중1이고 당시 딸아이가 중1이었다는 것, 그리고 상담자이지만 엄마로서 딸에게 해 주고 싶은 말을 어찌 전해야 할지 고민이던 때의 출판사의 요청은 어쩐지 우연이 아닌 듯 여겨졌습니다.

실제 상담의 과정은 인간의 잠재력을 꽃피우게 하는 행위예술 같은 작업이어서 글로 표현하는 한계에 대한 부담이 있었습니다. 마치 윤편이 자신의 수레바퀴 깎는 기술을 일혼이 되도록 자식에게 전해 줄 수 없었던 것처럼 말입니다. 오랜 시간의 고민이 필요했습니다.

그러나 심리 치료의 과정을 되짚어 보면서 도움이 될 수도 있겠다는 생각이

들었습니다. 심리 치료 과정의 1단계는 자신의 심리적 문제를 알고 이해하는 단계, 2단계는 무조건적이고 긍정적인 존중과 공감과 이해 속에서 치유를 경험하는 단계, 3단계는 변화와 소망을 갖는 단계라는 점에서 이 책은 1단계나 어쩌면 2단계의 도움도 줄 수 있겠다는 생각이 들었습니다.

이 책을 읽으며 책에 쓰인 조언들을 따르다 보면, 도움이 되는 순간도 있겠지만 노력해도 되지 않고, 실망스러운 순간들도 있을 것입니다. 사람이 성장한다는 것은 도종환 시인의 표현처럼 흔들리며, 젖으며 꽃 피우는 일입니다.

청소년기는 나의 실수에 대한 끊임없는 용서, 미숙함에 대한 천만 번의 이해가 필요한 시기입니다. 청소년기는 미숙한 것이 정상이고, 미숙하다는 말은 다른 말로 엄청난 변화 가능성을 지니고 있다는 뜻이기도 합니다.

자신의 잠재력을 믿고 끊임없이 남과 자신을 용서하고, 가슴을 열어 서로 이해하고 사랑하십시오. 그것이 진정한 관계 맺기의 비결입니다. 그리고 자신의 상처와 고통, 아픔, 열등감을 모두 모아 꿈의 실현을 위한 열정의 원천으로 사용하세요. 지금 여러분에게 필요한 것은 꿈을 향한 열정과 나와 남을 사랑하는 일입니다.

이 책이 세상에 빛을 보기까지 격려하고 성장시켜 준 변은숙 편집자님과 북멘토 출판사에 깊은 감사를 드립니다. 그리고 소중한 기회와 인연을 만들어 준 이윤희 소장님에게도 감사 인사를 전합니다.

그리고 저를 이 세상에 존재하게 해 주신 부모님과 또 다른 부모님인 시부모님께 머리 숙여 감사드립니다. 저의 동반자이자 후원자인 남편, 이 책을 시작할 때는 성장통의 주인공이었다가 지금은 이 책의 조언자로 성장한 딸 예진이, 책을 쓰는 동안 함께 노는 시간을 기꺼이 양보해 준 아들 성준이에게도 감사와 사랑의 말을 전합니다. 그리고 글 쓰는 내내 마음속에 영감을 주신 나의 하늘 아버지 하나님께 영광을 돌립니다.

14살 마음의 지도

1판 1쇄 발행일 | 2012년 8월 20일
1판 5쇄 발행일 | 2014년 8월 6일
1판 5쇄 발행부수 | 2,000부 | 총 10,000부 발행

글쓴이 | 노미애
펴낸곳 | (주)도서출판 북멘토
펴낸이 | 김태완

기획 | 변은숙
편집장 | 김혜선
편집 | 변은숙 박미경 박혜리
디자인 | 디자인아이
마케팅 | 이용구

출판등록 | 제6-800호(2006년 6월 13일)
주소 | 121-869 서울시 마포구 월드컵북로 6길 69(연남동 567-11), IK빌딩 3층
전화 | 02-332-4885
팩스 | 02-332-4875
이메일 | bookmentorbooks@hanmail.net

ISBN 978-89-6319-057-0 43180

이 도서의 국립중앙도서관 출판시도서목록(CIP)은 e-CIP홈페이지(http://www.nl.go.kr/ecip)와 국가자료공동
목록시스템(http://www.nl.go.kr/kolisnet)에서 이용하실 수 있습니다.(CIP제어번호: CIP2012003483)